Silvanna 2012

paso a paso

Mes de María

PALABRA

1ª edición, octubre 2003
2ª edición, julio 2005
3ª edición, mayo 2008

Colección: paso a paso
Director de la colección: Ricardo Regidor

P° de la Castellana, 210 - 28046 Madrid
Telf.: (34) 91 350 77 20 - (34) 91 350 77 39
Pág. web: www.edicionespalabra.es
Correo electrónico: epalsa@edicionespalabra.es

Diseño de la cubierta: Marta Tapias
ISBN: 978-84-8239-756-6
Depósito Legal: 21.006-2008

Impresión: Graficas Almudena, S.L.
Printed in Spain - Impreso en España
Con licencia eclesiástica

paso a paso

Mes de María

Ricardo Martínez Carazo

Ilustrado por María Pascual

TERCERA EDICIÓN

PALABRA

Presentación

Este es un libro nacido del amor a la Virgen María y para ayudar a muchos a honrar -principalmente en el mes de mayo- a nuestra Madre del Cielo.
La Iglesia siempre ha enseñado que el camino más corto y más seguro para llegar a Jesús es María (Cfr. Concilio Vaticano II, *Lumen Gentium*, nn. 60 a 69). Y este ha sido también el pensar y el sentir de los santos: «Con todos los afectos de nuestro corazón y con todos los sentimientos y deseos de nuestra voluntad, veneremos a María, porque esta es la voluntad de aquel Señor que quiso que todo lo recibiéramos por María» (San Bernardo).
Se ofrecen en este libro un conjunto de sencillos materiales para las celebraciones marianas, preferentemente en el mes dedicado a la Virgen. Pero también será muy útil para alguna novena a María o cualquier otra celebración mariana.
Estoy seguro de que será de gran utilidad para los sacerdotes, los catequistas y los educadores cristianos en las celebraciones marianas dirigidas a niños y jóvenes.
El autor -como bien saben quienes le conocen- tiene una especial debilidad por la catequesis familiar. «El futuro de la Iglesia está en la familia», ha dicho repetidas veces Juan Pablo II. Por eso, este libro tiene muy especialmente en cuenta a la familia, y las celebraciones que presenta se pueden adaptar con suma facilidad al ámbito de la «Iglesia doméstica», que eso es la familia cristiana según las enseñanzas de San Pablo. Siento una inmensa alegría al pensar en esas familias que, reunidas en sus casas al anochecer ante una imagen de la Virgen María, dedicarán unos minutos a honrarla siguiendo las páginas de este libro.

Pedro de la Herrán

INTRODUCCIÓN

Un mes para honrar a María

Hace ya muchos siglos que empezó esta costumbre de honrar a María, especialmente durante el mes de mayo.

Ya el rey Alfonso el Sabio, allá en el siglo XIII, invitaba a alabar e invocar a María, ante su altar, en el mes de las flores, y él mismo escribe las *Cantigas de Santa María,* porque quiere «trovar en honor de la Rosa de las rosas y de la Flor de las flores».

En Italia fue san Felipe Neri, en el siglo XVI, el iniciador del mes de mayo dedicado a María, con la costumbre de invitar a los jóvenes a cantar, llevar flores y ofrecer sacrificios a la Virgen.

Desde entonces no han cesado los homenajes en honor de la Madre de Dios, y las plegarias que, en mayor abundancia, suben al Cielo en el mes de María. Y como esta Madre piadosísima jamás desoye las súplicas de sus hijos, en el mes de mayo son también más abundantes los dones y gracias que descienden del Cielo, como nos dice el Papa Pablo VI, en su encíclica sobre el *Mes de Mayo.*

¿Y cómo honrar más y mejor a María en este mes a Ella dedicado?

En primer lugar, conociendo las devociones marianas que los buenos cristianos siempre han practicado y la Iglesia, nuestra Madre, con sabiduría divina, nos ha transmitido.

Te menciono algunas de las más extendidas:

— El rezo de las *Tres Avemarías de la pureza,* a la hora de acostarse.

— El rezo del *Ángelus:* Una cita con la Virgen a las 12 del día.

— Las *jaculatorias* y oraciones cortas a la Virgen, repetidas con frecuencia en diversas ocasiones.

— Las *miradas a las imágenes* y cuadros de la Virgen.

— La devoción al *Santo Escapulario* de la Virgen del Carmen, que lleva consigo la promesa de la salvación eterna y «ha hecho correr sobre el mundo un río caudaloso de gracias», según decía el Papa Pío XII.

— Los *sábados:* el rezo de la Salve y algún sacrificio ofrecido a la Virgen.

— La Comunión de los *Cinco Primeros Sábados,* pedida por la Virgen a Sor Lucía de Fátima como reparación de las ofensas a su Inmaculado Corazón.

— Y la devoción preferida y pedida con más insistencia por la Virgen en Lourdes y Fátima: el *rezo diario del Santo Rosario.*

Y te digo con palabras muy autorizadas por la experiencia y la vida de un hijo que amó apasionadamente a su Madre del Cielo:

«Hay otras muchas devociones marianas... No tienen por qué estar incorporadas todas a la vida de cada cristiano -crecer en vida sobrenatural es algo muy distinto del mero ir amontonando devociones-, pero debo afirmar al mismo tiempo que no posee la plenitud de la fe quien no vive alguna de ellas, quien no manifiesta de algún modo su amor a María»[1].

Este *mes dedicado a la Virgen* es otra devoción mariana que puede ayudarte a ver cuáles has incorporado tú a tu vida cristiana, quizá para adquirir alguna que necesitas y, sobre todo, para mejorar en las ya adquiridas y aumentar el cariño a tu Madre del Cielo.

Y dentro del mes de mayo, las *Romerías* a la Virgen.

Consiste esta devoción en visitar un Santuario mariano, para honrar a nuestra Señora, en grupos numerosos o de muy pocas personas, con espíritu de penitencia y un fin apostólico. Se suele rezar una parte del Rosario en el camino de ida, otra, a la vuelta y la correspondiente al día, dentro del Santuario.

[1]San Josemaría Escrivá, *Es Cristo que pasa,* n. 142.

1. María Inmaculada

(Génesis 3, 15)
En el nombre del Padre y del Hijo y del Espíritu Santo.
En este primer día de mayo, del mes de María, vamos a recordar ese privilegio, esa gracia singularísima, que Dios quiso para su Madre: hacerla Inmaculada, Purísima.

Lectura:

Tú quizá hayas visto la limpieza en la nieve, en un cielo sin nubes, en la luz del sol o en el traje blanco de la primera Comunión. Pues bien, esas cosas no pueden compararse con la limpieza y hermosura del alma de María. Ella es la luz sin sombras, la pureza sin mancha, la belleza total, la criatura más hermosa y graciosa que Dios ha hecho y que pueda hacer; y es María, a la vez, la mujer fuerte y terrible que aplastará la cabeza de su enemigo, Satanás: él nunca tuvo ni tendrá dominio en Ella.
¿Quieres saber por qué tanta grandeza? Pues porque Dios quiso y pudo hacerla así.
Si tú hubieras podido elegir a la que iba a ser tu madre, ¿cómo la hubieras hecho? Seguramente habrías elegido a la que tienes, llenándola de los mejores dones: de bondad, de inteligencia, de hermosura, de fortaleza...
Pues eso es lo que ha hecho Dios con la Virgen. Como iba a ser su Madre y Él podía, la llenó de todas las gracias.
Una de ellas fue hacerla Inmaculada, preservándola del pecado original desde el primer instante de su concepción.

Reflexión:

(Hacer una breve pausa después de cada pregunta)

- ¿Qué espera de ti la Virgen en estos días?
- ¿Cómo puedes imitarla mejor en la virtud de la santa pureza?

Piensa que Ella desea que seas puro en tus pensamientos, obras, conversaciones, miradas...

Anécdota:
QUE FUERA GUAPA

Preguntaba yo una vez a un grupo de chavales cómo habrían querido que fuera su madre,
si hubieran tenido la posibilidad de escogérsela a su gusto.
—¡Que fuera guapa! -gritó uno.
—Que no castigara -añadió un segundo.
—Que no tuviera pecado -dijo un tercero, con cierta timidez.
—Que no se muriera... -insinuó uno que probablemente se había quedado muy triste, al ver cómo se llevaban el cuerpo muerto de la madre de un amigo suyo del barrio, y al pensar que la suya se le podía morir también.
Pues eso es lo que hizo Dios cuando preparó, desde toda la eternidad, a una doncella, que se llamaba María y que vivía en un pueblecito de Palestina, para que fuera digna Madre de su Hijo. Por eso la embelleció con las gracias más escogidas; la hizo madre de misericordia y perdón; la libró de toda mancha de pecado original y actual; y finalmente no permitió que su cuerpo sufriera la corrupción del sepulcro, llevándosela en cuerpo y alma a los cielos.

I. Segarra, *Anécdotas marianas para hacer oración.*

Oración:
BENDITA SEA TU PUREZA

Bendita sea tu pureza
y eternamente lo sea;
pues todo un Dios se recrea
en tan graciosa belleza.
A ti, celestial Princesa,
Virgen sagrada María,
yo te ofrezco en este día
alma, vida y corazón;
mírame con compasión,
no me dejes, Madre mía.

Canción sugerida: Eres más pura que el sol*.

OFRECIMIENTO PARA ESTE DÍA

Pensamos ahora -cada uno en silencio- en lo que vamos a ofrecer hoy a la Virgen para imitarla en la virtud de la santa pureza. (Pausa de silencio).

* Todas las canciones en Apéndice, pp. 104-108.

2. La Virgen niña

(San Mateo 18, 3)
En el nombre del Padre...
En este segundo día de mayo, vamos a considerar cómo la Virgen, niña en edad, era ya mayor en la virtud.

Lectura:

¿Has visto asomarse el alma por los ojos de un niño? Es un encanto: Todo es sencillez, confianza, candor. Diríamos que en los niños aún están intactas las huellas de la mano de Dios, y se conserva todo el primor de una obra divina, recién acabada. Pero en la Niña María, la mano del Artista se notaba más, porque Ella era su obra maestra y estaba ya, desde su nacimiento, llena de gracia. Por eso, desde muy pequeña, María quiere mucho a sus padres, Joaquín y Ana, les obedece con prontitud, les ayuda y pone en ellos toda su confianza; y, a través de sus padres, aprende a rezar, a amar y a confiar en Dios.
De esta manera, María fue siempre niña, porque nunca perdió el candor de su niñez ni hubo impureza que rozase su alma: ni huella de soberbia, ni de egoísmo, ni de envidia y todas esas cosas que afean y envejecen el alma de los niños.
Es más, María se hizo en el alma cada vez más niña, porque, como Jesús, mientras crecía en edad, crecía también en gracia y en las virtudes propias de aquella infancia de la que Jesús diría: Si no os hiciereis como niños, no entraréis en el Reino de los Cielos.
¿Ves por qué María es la Niña más querida, la Niña de los ojos de Dios como la cantan los poetas? ¿Ves por qué esta Niña ha de ser para ti tan querida como la niña de tus ojos?

Reflexión:
(Hacer una breve pausa después de cada pregunta)

Nos hacemos niños en la medida que tenemos una madre.

- ¿Acudes tú a la Virgen con la confianza y cariño con que un niño acude a su madre?
- ¿La imitas en sus virtudes, como son: la humildad, la sencillez, la confianza y amor filial a sus padres de la tierra y a su Padre Dios?

Oración:

AVE MARÍA

Dios te salve, María,
llena eres de gracia.
El Señor es contigo,
bendita Tú eres
entre todas las mujeres
y bendito es el fruto
de tu vientre, Jesús.

Santa María, Madre de Dios,
ruega por nosotros
pecadores,
ahora y en la hora
de nuestra muerte.
Amén.

Soneto afortunado de Lope de Vega, que así vio a la Virgen

Poco más que mediana su estatura,
como el trigo el color, rubios cabellos,
vivos los ojos, y las niñas dellos
de verde y rojo con igual dulzura.

Las cejas de color negra, y no obscura,
aguileña nariz, los labios bellos,
tan hermosos que hablaba el sol en ellos
por celosías de su rosa pura.

La mano larga, para siempre dalla
saliendo a los peligros al encuentro
de quien para vivir fuere a buscalla.

Esta es María, sin llegar al centro,
que el alma solo puede retratalla
pintor que tuvo nueve meses dentro.

Canción sugerida:

Estrella hermosa.

OFRECIMIENTO PARA ESTE DÍA

Pensamos en las próximas fiestas de la Virgen y nos disponemos a celebrarlas en su día:

- La Visitación de la Virgen María (31 de mayo).
- Nuestra Señora del Carmen (16 de julio).
- Inmaculado Corazón de María (el sábado siguiente a la fiesta del Sagrado Corazón de Jesús).

3. «Y el nombre de la Virgen era María»

(San Lucas 1, 27)
En el nombre del Padre...
Los nombres de JESÚS y MARÍA son los nombres que más devoción nos inspiran.
Solo pronunciarlos es empezar a hacer oración.
Consideremos hoy el significado del nombre de María.

Lectura:

¿Te imaginas el gozo que sentiría la Virgen cuando Jesús, mirándola a los ojos, balbuceó por primera vez la palabra mamá? Y como el Niño se dio cuenta del júbilo que aquella palabra despertaba en su Madre, siguió repitiéndola.

Después, de mayorcito, Jesús empezó a llamarle con el nombre de madre, y otras veces con su nombre propio, María.

Todo ello sonaba en los oídos de la Virgen a música del Cielo, pensando que comenzaba a cumplirse su profecía: «*Me llamarán bienaventurada todas las generaciones*».

Al nombre de María, la piedad de los cristianos le ha dado diversos significados:

— Muy amada, porque es la mujer más querida de toda la tierra.

— Estrella del Mar, porque nos guía hacia puerto seguro.

— Señora, Princesa, Luz, Estrella de la mañana, porque Ella nos anuncia el día, el Sol, que es Jesucristo.

Ahora, millones de cristianos de todos los tiempos y partes de la tierra no cesan de cantar y alabar a la Virgen con mil nombres distintos: Unos cantan las gracias que Dios le hizo; otros, las que Ella derramó por donde fue pasando, y otros, sencillamente, son nombres que recogen el cariño y devoción que los hijos ofrecen a su Madre del Cielo.

Todo son alabanzas y honores a la misma persona: La Virgen, Madre de Dios y Madre nuestra, MARÍA.

Reflexión:

(Hacer una breve pausa después de cada pregunta)

- Como Jesús, también tú puedes hablar con la Virgen llamándola Madre, y con su nombre propio, María.
- ¿Sabes darle esta muestra de confianza y cariño hablando con Ella muchas veces al día?
- ¿La llamas así: ¡Madre! ¡María! y con otros nombres bonitos que tu amor puede inventar?

Canción sugerida: Eres más pura que el sol.

Oración:

SALVE, DEL MAR ESTRELLA

Salve, del mar estrella,
de Dios Madre sagrada,
y siempre Virgen pura,
Puerta del Cielo santa.

Rindamos a Dios Padre,
y a Cristo su alabanza,
y al Espíritu Santo,
una a los Tres sea dada.

HIMNO LITÚRGICO

—Padre cura: ¡esta no vale na! ¡La nuestra es la que vale!
De primera intención casi me pareció una blasfemia. Después pensé:

—Tiene razón; cuando yo enseño retratos de mi madre, aunque me gustan todos, también digo: este, este es el bueno».

Cfr. SALVADOR BERNAL, *Apuntes de la vida del Fundador del Opus Dei*, p. 81.

El nombre de María

Oh María, nombre gracioso,
que doquiera que se nombra,
es a los hombres sabroso
y a los demonios penoso,
que los espanta y asombra.

Nombre del que más usamos
en toda nuestra presura,
nombre que siempre nombramos,
nombre por quien alcanzamos
vida perpetua y segura.

Llámante los pecadores,
nómbrante los fatigados,
los que padecen dolores,
chicos, grandes e menores,
los vivos e los finados.

A todos eres consuelo,
descanso, gozo, alegría,
pues múdanos de este suelo
a la morada del cielo,
Virgen Sagrada María.

ANÓNIMO

Anécdota
¡LA NUESTRA ES LA QUE VALE!

San Josemaría Escrivá, Fundador del Opus Dei, contó una vez una anécdota que le ocurrió en Sevilla. Por motivos de trabajo, tuvo que estar en aquella ciudad durante los días de la Semana Santa, y quiso ir a ver una procesión, para rezar. Le conmovió profundamente la devoción de la gente y allá se quedó, metido en su oración, sin darse cuenta de quién estaba a su alrededor. En el libro *Apuntes sobre la vida del Fundador del Opus Dei*, de Salvador Bernal, se recogen las palabras de *San Josemaría:*

—«Me fui a la luna. Viendo aquella imagen de la Virgen tan preciosa, ni me daba cuenta de que estaba en Sevilla, ni en la calle. Y alguien me tocó así, en el hombro. Me volví y encontré a un hombre del pueblo, que me dijo:

OFRECIMIENTO PARA ESTE DÍA

Pensamos en alguna jaculatoria que nos ayude a tener siempre el nombre de María en los labios y en el corazón.
(Pausa de silencio).

4. La Anunciación: María dice sí a Dios

(San Lucas 1, 26-38)
En el nombre del Padre...
Hoy vamos a asistir al momento, verdaderamente único y decisivo para la humanidad, de la Anunciación: cuando María dijo sí a lo que Dios le pedía.

Reflexión:

Estaría la Virgen María recogida en oración, en su casa de Nazaret, cuando se le apareció el Arcángel San Gabriel y le dijo:
—*Alégrate, llena de gracia, el Señor está contigo, bendita tú entre las mujeres.*
Ella se turbó. Pero el Ángel le dijo:
—*No temas, María, porque has hallado gracia delante de Dios.*
Y le reveló el mensaje:
—*Concebirás y darás a luz un hijo, y le pondrás por nombre Jesús.*
Y el Ángel siguió diciendo grandezas del que nacería de la Virgen.
Ella escuchó atentamente, después preguntó lo que no entendía. El Ángel le explicó:
—*El Espíritu Santo descenderá sobre ti y el poder del Altísimo te cubrirá con su sombra...*
Cuando María supo lo que Dios quería de ella, contestó:
—*He aquí la esclava del Señor, hágase en mí según tu palabra.*
Era el Sí de la Virgen a lo que Dios le pedía.
En aquel instante, el Hijo de Dios se hizo hombre en el seno purísimo de la Virgen María, y la que gustaba de llamarse esclava del Señor empezó a ser Madre de Dios Hijo, y, por tanto, la hija predilecta del Padre y el sagrario del Espíritu Santo[1].

[1] Const. Dogm. sobre la Iglesia, L. G. 53.

Reflexión:

(Hacer una breve pausa después de cada pregunta)

- María dijo siempre Sí a Dios.
  Nunca le dijo que No.
- ¿En qué cosas espera Dios de ti que le digas Sí? Quizá en el estudio o en la obediencia o en la generosidad...

Oración:

ÁNGELUS

— El Ángel del Señor anunció a María.
— Y concibió por obra del Espíritu Santo.
(Dios te salve, María...).
— He aquí la esclava del Señor.
— Hágase en mí según tu Palabra.
(Dios te salve, María...).
— Y el Hijo de Dios se hizo hombre.
— Y habitó entre nosotros.
(Dios te salve, María...).
— Ruega por nosotros, Santa Madre de Dios.
— Para que seamos dignos de alcanzar las promesas de nuestro Señor Jesucristo.

Oración: Derrama, Señor, tu gracia en nuestras almas para que quienes hemos conocido, por el anuncio del Ángel, la Encarnación de tu Hijo Jesucristo, por su Pasión y Cruz seamos llevados a la gloria de la Resurrección. Por Jesucristo, Nuestro Señor. Amén.

Anécdota:
LAS TRES AVEMARÍAS

Hay una devoción sencilla y entrañable a la Santísima Virgen, de orientación Trinitaria, que ha sido repetidamente alabada e indulgenciada por varios pontífices: se trata de la devoción de las Tres Avemarías.
Su origen son unas palabras de la Santísima Virgen a Santa Matilde, cuando esta rogaba insistentemente a María «que le asistiera en la hora de la muerte».
—Sí que lo haré -contestó Ella-; pero quiero que por tu parte me reces diariamente tres Avemarías, conmemorando: en la primera, el poder recibido del Padre Eterno; en la segunda, la sabiduría con que me adornó el Hijo; y, en la tercera, el amor de que me colmó el Espíritu Santo (*Libro de la Gracia Especial*, cap. XLVII).
Se suele rezar por la noche pidiendo a la Virgen que nos guarde de todo pecado y nos alcance el don de la santa pureza.

Canción sugerida: Lucero del alba.

Anunciación

¡Trasunto de cristal,
bello como un esmalte de ataujía!
Desde la galería
esbelta, se veía
el jardín de María,
virgen, tímida, plena
de gracia, igual que una azucena,
se doblaba al anuncio celestial.

Un vivo pajarillo
volaba en una rosa.
El alba era primorosa.
Y, cual la luna matinal,
se perdía en el sol nuevo y sencillo
el ala de Gabriel, blanco y triunfal.
¡Memoria de cristal!

JUAN RAMÓN JIMÉNEZ

OFRECIMIENTO PARA ESTE DÍA

Pensamos cada uno en aquello que nos está pidiendo Dios, para ofrecérselo con un Sí generoso, como la Virgen.
(Pausa de silencio).

5. María, llena de Gracia

(San Lucas 1, 28)
En el nombre del Padre...
Hoy seguimos contemplando la escena de la Anunciación y aprendemos del Ángel a alabar a María con sus mismas palabras.

Lectura:

Una vez, un sacerdote muy devoto de la Virgen preguntó a un grupo numeroso de mujeres:
—¿Os gusta que os echen piropos, que os digan cosas de cariño? ¿Sí o no? –«Sí, Padre», contestaron todas a la vez.
Y continuó el sacerdote: Pues a la Madre de Dios le gusta lo mismo. ¡Es mujer! Es una mujer maravillosa, la criatura más espléndida que ha podido el Señor crear, llena de perfecciones. Que le gusten los piropos no es una imperfección. De modo que ya sabéis: vosotras y yo la piropearemos, le diremos las mayores alabanzas.
Pero, como los humanos nos íbamos a quedar muy cortos, el primer piropo lo inventó Dios mismo. Naturalmente, le salió perfecto y es lo mejor que se ha dicho y se dirá a la Virgen.
El Arcángel mensajero dijo a María: Alégrate, llena de gracia. Con solo estas palabras, Dios, como quien abre su tesoro, nos descubría que en María se encierran todas las gracias de todas las criaturas, es decir, todo lo precioso, toda la bondad y toda la belleza de la creación y, en un orden superior, que Ella está llena de la gracia de Dios, que está llena de Dios.
Por eso, ha dicho quien lo ha experimentado que no es posible mirar a la Virgen sin acabar sonriendo, sin acabar enamorándose. Como esto es lo que queremos, no dejaremos de mirarla y admirarla y alabarla, como lo hace la Iglesia, como Dios mismo nos ha enseñado.

Romance

¡Qué hermosa viene la Niña!
Parece, con tanta gala,
que del sol viene vestida
y de luces coronada.
Tan llena viene de rayos
como adornada de gracias
esta Niña hermosa y pura
para ser del sol el alba.
Los serafines por Reina
la veneran y la aclaman,
alternando parabienes,
repitiéndole alabanzas.

ANÓNIMO

Reflexión:

(Hacer una breve pausa después de cada pregunta)

- Tú también, por ser hijo de Dios, tienes que procurar tener tu vida y tu alma cada vez más llenas de Dios.
- ¿Te confiesas con frecuencia para borrar tus pecados y tener el alma más llena de Dios?
- ¿Te acercas a menudo a recibir la Sagrada Comunión para llenar tu alma y tu vida de Dios?

Anécdota

UN BUEN EJEMPLO QUE CONVIERTE

Una clínica, un quirófano y, tendida sobre la mesa de operaciones, una niña de muy pocos años. La operación es francamente delicada, difícil; tres doctores en cirugía están presentes y dos médicos anestesistas.
—A ver, nena –dice uno de estos–; cierra los ojitos, vas a dormir.
—¡Pero si es de día! –replica la niña–; yo nunca duermo de día.
—No importa. Ahora vas a dormir. Cierra los ojitos...
El médico no quería que la niña viera la aguja con que la tenían que pinchar para anestesiarla. Y ella repetía lo mismo:
—Yo no duermo de día...
—Sin embargo, hoy tienes que hacerlo así; has de dormir para curarte... Anda, sé buena y cierra los ojitos...
—Bueno –dijo la pequeñita conformándose, pues comprendió muy bien que, tarde o temprano, aquellos señores se saldrían con la suya. Pero añadió:
—Yo, antes de dormir, rezo siempre las tres Avemarías. ¿Puedo?
—Sí, puedes rezar tus tres Avemarías...
Y con toda sencillez, la niña se incorporó, se arrodilló, juntó sus manecitas y empezó su oración de todas las noches: «Dios te salve, María...».
Luego, acabadas las tres Avemarías, se tendió en la mesa y, sin esperar otra recomendación, cerró sus inocentes ojos...
Ante aquel cuadro encantador, uno de los cirujanos se sintió conmovido, y, en cuanto pudo, abandonó el quirófano para retirarse a su despacho. Allí se arrodilló y empezó a llorar. Llevaba muchos años alejado de la Iglesia, sin recibir los sacramentos y sin hacer oración... Y salió de allí decidido a confesarse y a comenzar una vida nueva.

P. NAZARIO PÉREZ, S.J., *Maravillas de las tres Avemarías.*

Oración: AVEMARÍA

(Ver página 4).

Canción sugerida: Santa María.

OFRECIMIENTO PARA ESTE DÍA

Pensamos en lo que vamos a ofrecer a la Virgen para aumentar la gracia en nuestra alma y parecernos más a Ella.

(Pausa de silencio).

6. María, esposa de José

(San Mateo 1, 18-24)
En el nombre del Padre...
Veamos cómo la Virgen y San José confiaban en Dios y estaban entre sí tan unidos que compartían todas sus penas y alegrías.

Lectura:

María ha escuchado ya las palabras del Ángel: *concebirás en tu seno y darás a luz un hijo,* y ha dado su respuesta, su sí:
—*Hágase en mí según tu palabra.*
Ahora está desposada con José, aunque todavía no viven juntos, y José, con gran sorpresa, descubre que María ha concebido, pues las señales de la maternidad son claras. José sufre y no entiende porque sabe que su esposa es santa, pero obra con honradez: decide abandonarla en secreto para no difamarla.
María, en silencio, sufre también viendo sufrir a su esposo, pero acepta el dolor y espera y confía en la providencia de Dios.
En el momento escogido por la sabiduría divina, el inmenso dolor se va a convertir en inmenso gozo:
Un Ángel del Señor dijo a José:
—*No temas recibir a María, tu esposa, pues lo que en ella ha sido concebido es obra del Espíritu Santo. Dará a luz un hijo y le pondrás por nombre Jesús...*
Y es el mismo evangelista San Mateo quien nos explica lo bien que termina esta historia santa:
Así se cumplió la profecía de Isaías de que una virgen daría a luz un hijo; José recibió a María en su casa, y María dio a luz a su hijo, a quien pusieron por nombre Jesús.

Reflexión:

(Hacer una breve pausa después de cada pregunta)

Ante la angustia de José, María confió plenamente en la providencia de Dios.

- En tus dificultades, ¿confías así en la providencia divina?
- Cuando sufres, ¿tienes la convicción de que tu Padre Dios y la Virgen tu Madre están más cerca de ti?

Anécdota
LEYENDA DE JUAN EL TITIRITERO

Era un titiritero que se ganaba la vida yendo de pueblo en pueblo, mostrando sus habilidades y haciendo juegos de manos con bolas, palos y platillos y otros muchos enseres que siempre llevaba consigo.
Así pasó algún tiempo, hasta que un buen día, Juan, el titiritero, decidió cambiar de vida y entrar en un convento, porque –según decía– la Virgen le llamaba.
Muy pronto se encontró feliz entre aquellos monjes que alababan de continuo a Dios y a Santa María. Al acercarse la fiesta del monasterio –en honor de la Madre de Dios–, los monjes empezaron a ocuparse en cosas muy diversas, y explicaron a Juan que se trataba de una vieja costumbre que consistía en ofrecer cada uno algo a la Virgen en el día de su fiesta. Juan no dejaba de pensar: Todos deben ofrecerle algo, pero ¿yo qué le puedo ofrecer? En efecto, llegado el día de la fiesta, todos los monjes se reunieron en la iglesia y comenzaron cada uno a hacer su ofrenda: El Prior leyó un magistral discurso sobre la Virgen; otro monje declamó una poesía original; otro cantó una canción inédita; uno presentó una preciosa miniatura; varios presentaron dibujos y bellas pinturas de diversas escenas de la Virgen... Juan se encontraba cada vez más apenado porque no sabía qué ofrecer a la Señora. Por fin, cuando ya todos habían salido de la iglesia, Juan se sintió iluminado: ¡Había descubierto algo que él podía hacer y que a la Virgen quizá le gustaría! Y así lo hizo. Cuando todos los monjes dormían, se levantó y se dirigió a la iglesia y allí, solo, ante la imagen de la Virgen comenzó a hacer lo que él sabía: sus juegos y sus hábiles piruetas de titiritero. Al oír el ruido, el Prior se despertó asustado y fue a la iglesia a ver lo que pasaba: Allí estaba Juan dando saltos ante la imagen de la Virgen. Ya estaba el Prior dispuesto a lanzar una buena reprimenda al joven monje, cuando levantó la vista y vio que la imagen de la Virgen miraba a Juan y le sonreía.

Oración:
¡OH, SEÑORA MÍA!

¡Oh, Señora mía!
¡Oh, Madre mía!
Yo me ofrezco del todo a Vos;
y en prueba de mi filial afecto,
os consagro en este día
mis ojos, mis oídos,
mi lengua, mi corazón;
en una palabra, todo mi ser.
Ya que soy todo vuestro,
Madre de bondad,
guardadme y defendedme
como cosa y posesión vuestra.
Amén.

Canción sugerida: ¡Oh, virginal Doncella!

OFRECIMIENTO PARA ESTE DÍA

Pensamos en alguna persona, entre nuestros familiares, amigos o vecinos, con quien podamos compartir algún dolor o alegría y nos lo proponemos ofreciéndolo a la Virgen.
(Pausa de silencio).

7. María, al servicio de su prima Isabel

(San Lucas 1, 39-56)
En el nombre del Padre...
Hoy vamos a considerar cómo la Virgen, después de la Anunciación, acude presurosa a visitar a su prima Isabel porque necesitaba ayuda y el Ángel se lo había insinuado.

Lectura:

El día de la Anunciación, el Ángel hizo saber a María que su prima Isabel, a pesar de su ancianidad, iba a tener un hijo, porque para Dios no hay nada imposible.
Presurosa, la Virgen se puso en camino e hizo un largo viaje (de más de 100 km) hacia el pueblecito de la montaña de Judá –Ain-Karim– donde vivía Isabel.
Al llegar, María saludó a Isabel que, por gracia de aquel saludo, quedó llena del Espíritu Santo y exclamó: *¿Quién soy yo para que la madre de mi Señor venga a visitarme?*
Y continuó Isabel alabando a la Virgen como el Espíritu Santo le inspiraba.
Pronto acabaron los parabienes y María se puso a disposición de su prima que, además de anciana, estaba ya en el sexto mes de su embarazo.
No era la suya una visita de mera cortesía, ni de curiosidad por comprobar la noticia del Ángel. Ella había ido a servir a su prima y lo hizo acabadamente, generosamente, mientras necesitó de sus servicios.
María –señala el Evangelista San Lucas– permaneció con ella unos tres meses –hasta que Isabel dio a luz a su hijo–, y se volvió a su casa.
De esta Madre nació el Hijo que después nos diría: *Yo no he venido para ser servido, sino para servir.*

Reflexión:

(Hacer una breve pausa después de cada pregunta)

María se olvidó de sí misma por atender a su prima Isabel.

- ¿Piensas en los demás para descubrir sus necesidades y poder ayudarles?
- ¿Estás dispuesto a hacer pequeños servicios a tus compañeros de estudio o de trabajo?

Anécdota

UNA ROSA PARA UNA MADRE

Las cosas que ofrecemos a nuestra Madre del Cielo pueden ser minúsculas, pero Dios las considera grandes.
Javier solo tenía siete años. Estaba preocupado por su mamá, una buena mujer que pasaba en cama los últimos días de un embarazo. ¿Qué podía hacer por ella, por darle una alegría?

Recordó que su padre, en ocasiones semejantes, llevaba a mamá una flor a la habitación. No lo pensó mucho; fue a su cuarto y abrió la hucha de los ahorros. Sacó una moneda, y con la moneda en la mano se encaminó a la floristería. Una vez allí, solicitó una rosa. El dueño, que conocía al niño y a su familia, le mostró una rosa roja, bonita, pero corriente.
Javier no se dio por satisfecho y, señalando un ramo de rosas escogidas, dijo:
—Quiero una de aquellas. Es para mamá, que está enferma.
El dueño del establecimiento le advirtió:
—Aquellas rosas son muy caras. ¿Traes dinero suficiente?
Y el chico:
—Si no lo trajera, no habría venido a comprarla.
El de la tienda sacó con cuidado una de las rosas rojas del ramo, la envolvió en papel de plata y se la entregó. Javier puso con satisfacción la peseta –esa era la moneda– en el mostrador y se fue... con una flor de veinte duros (de esto hace ya bastantes años).
Un cliente, conmovido, se ofreció a pagar la rosa:
—Deje que la pague yo. Me gustaría conocer a la madre de esa criatura que es capaz de inspirarle unos sentimientos tan nobles.
—De ningún modo. En mi vida he vendido una rosa tan a gusto.
Cuando el padre del chaval regresó del trabajo y vio la rosa en el cuarto de su mujer, fue inmediatamente a pagarla, pero el dueño se negó a cobrar nada; se daba por bien pagado con la peseta.

Cfr. I. SEGARRA, *Una manzana cada día*.

Aria de camino a casa de Isabel

¿Dónde vais, zagala,
sola por el monte?
Mas quien lleva el Sol
no teme la noche.

¿Dónde vais, María,
divina Esposa,
Madre gloriosa
de quien os cría?
¿Qué haréis, si el día
se va al ocaso,
y en el monte acaso
la noche os coge?
Mas quien lleva el día
no teme la noche.

LOPE DE VEGA

Canción sugerida: Ruega por nosotros, Madre de la Iglesia.

OFRECIMIENTO PARA ESTE DÍA

Pensamos en alguien que pueda necesitar algún servicio de nosotros y nos proponemos hacérselo por amor a la Virgen.

(Pausa de silencio).

8. La humildad de María

(San Lucas 1, 41-55)
En el nombre del Padre...
Hoy alabamos al Señor, unidos a María en el canto del Magnificat, porque puso los ojos en la humildad de su esclava.

Lectura:

Al saludo de María había respondido Isabel, llena del Espíritu Santo, con grandes alabanzas en honor de la Madre de Dios, de la Bendita entre las mujeres.
Y a las alabanzas de Isabel es también el Espíritu Santo quien responde por labios de María con el grandioso canto del Magnificat que es un reconocimiento jubiloso de las grandezas de Dios y un canto a la humildad.
María dijo:
Mi alma glorifica al Señor,
y mi espíritu se alegra
en Dios mi Salvador:
porque ha puesto
los ojos en la humildad
de su esclava;
por eso desde ahora
me llamarán
bienaventurada todas
las generaciones...
Y siguió María proclamando las maravillas de Dios.
El que se humilla será ensalzado, diría también Jesús.
La Virgen humilde de Nazaret, la amiga de la vida oculta y ordinaria, del sacrificio escondido y los pequeños deberes, la que quiso ser esclava del Señor, será ensalzada como Madre de Dios y bendecida por todas las generaciones.
Con humildad, que es la verdad, y llena de agradecimiento, María reconoce las cosas grandes que Dios ha obrado en Ella y alaba al Todopoderoso cuyo nombre es Santo.

Reflexión:

(Hacer una breve pausa después de cada pregunta)

A Dios agrada mucho la humildad –la verdad–, por eso ensalza a los humildes y reduce a la nada a los soberbios.

- ¿Me arrepiento de mis faltas de soberbia, vanidad, orgullo, y pido humildemente perdón de ellas en la confesión?
- ¿Pido a la Virgen que me alcance esa virtud que Ella tanto apreció?

Anécdota

CANTIGA DE SANTA MARÍA

Un monje, buen servidor de la Virgen, se retira a un huerto y sentado junto a una fuente muy clara y muy hermosa, después de lavarse en ella, habla así con nuestra Señora:

— «Ay, Virgen, cuándo será // que pueda ver un poco del goce del Paraíso –lo que tanto he pedido–, antes de salir de aquí y que sepa qué galardón tendrá el que obra bien» //.

Tan pronto como hubo acabado el monje su oración, oyó a una avecilla cantar luego, en tan buen son, que se olvidó de todo, estando y atendiendo siempre en aquel lugar. // Tan gran placer hallaba en aquel canto y en aquella canción, que sus buenos trescientos años estuvo así o más, creyendo que no había estado sino un poco, como está // el monje alguna vez en el año, cuando sale al vergel. Después se fue de allí la avecilla, lo que le causó mucha pena, y dijo:

— «Tengo que irme de aquí, que ya querrá comer // la comunidad».

Y se fue luego y halló un gran portal que nunca había visto, y dijo:

— «¡Ay, Santa María, váleme! No es este mi monasterio, ¿qué será de mí?» //.

Después entró en la iglesia y tuvieron gran pavor los monjes cuando lo vieron, y le preguntó el prior, diciéndole:

— «Amigo, ¿quién sois o qué buscáis aquí?» //.

Dijo él:

— «Busco a mi abad, que ahora aquí lo dejé, y al prior, y a los frailes, de los que me separé ahora cuando fui a aquella huerta; ¿quién me dirá dónde están?» //.

Cuando tal oyó el abad, lo tuvo por loco y también la comunidad, hasta que supieron bien cómo había sucedido tan gran maravilla.

ALAFONSO X EL SABIO (s. XIII)

Oración:

GLORIA

Gloria al Padre y al Hijo y al Espíritu Santo.
Como era en el principio, ahora y siempre,
por los siglos de los siglos. Amén.

Canción sugerida: Rosa entre rosas.

OFRECIMIENTO PARA ESTE DÍA

Pensamos en los medios que vamos a poner para crecer en la humildad. (Por ejemplo: hablar menos de nosotros mismos, prestar algún servicio, ser agradecidos...)

(Pausa de silencio).

9. María y José, camino de Belén

(San Lucas 2, 1-5)
En el nombre del Padre...
Hoy acompañamos a María y a José camino de Belén y aprendemos de ellos a recibir bien a Jesús, haciendo la Voluntad de Dios. Si llevaba a Dios tan dentro de ella, ¿cómo no iba a estar ella metida en Dios?

Lectura:

Estaría José en el taller acepillando las tablas para la cuna, y María rematando con primor los pañales del Niño, cuando salió el edicto del Emperador ordenando el empadronamiento en la ciudad de origen.
María y José se miraron sorprendidos y gozosos: así se iba a cumplir la profecía de que el Mesías prometido nacería en Belén.
San Lucas nos lo cuenta así:
José, como era natural de la casa y familia de David, subió desde Nazaret, ciudad de Galilea, a la ciudad de David llamada Belén, en Judea, para empadronarse con María, su esposa, que estaba encinta.
En pocos días se preparó lo indispensable. José desistió de la cuna. María, eso sí, cogió los pañales del Niño.
Y emprendieron el largo viaje, con su fiel borrico, de unos 130 km, que solía durar de cuatro a cinco jornadas.
María, hecha Trono de Dios, llevaba a Jesús en su seno. José, como jefe de aquella familia, no cesaba de ofrecer sus cuidados y atenciones a su querida Esposa y al Niño ya próximo a nacer.
¡Cómo nos hubiera gustado a nosotros acompañar a los Tres y ayudarles a soportar las molestias de aquel duro viaje!
Por fin, muy cansados, llegaron a Belén. Como José tenía allí parientes, pensó encontrar sitio en alguna casa. Lo buscó en la

Oración:
COMUNIÓN ESPIRUTUAL

Yo quisiera, Señor, recibiros con aquella pureza, humildad y devoción con que os recibió vuestra Santísima Madre, con el espíritu y fervor de los Santos.

posada, pero estaba llena de peregrinos. Llamó a muchas puertas, pero ninguna se le abrió. Después de intentarlo todo, María le diría a José: No te preocupes, he visto una gruta curiosa a la entrada del pueblo, podemos ir allí, será esa la Voluntad de Dios. Y allá se dirigieron los Santos Esposos.

Canción sugerida: Santa María del Camino.

Reflexión:
(Hacer una breve pausa después de cada pregunta)

María y José son las criaturas que mejor se prepararon y mejor recibieron a Jesús.

- ¿Recibes a Jesús en la comunión con esos santos deseos?
- ¿Le visitas todos los días alguna vez en el Sagrario?

Anécdota
SERVIR DE MODELO

La verdadera devoción a María nos debe llevar a imitarla y a tratar de parecernos más a Ella cada día: los hijos deben parecerse a su Madre. En cierta ocasión, un pintor famoso iba a dibujar una Inmaculada. Buscando el rostro de una joven que pudiera servirle de modelo, se fijó en una que correspondía al ideal que se había formado en su imaginación. Se acercó a la joven y le pidió si estaría dispuesta a posar en su taller para servir de modelo de una imagen de la Virgen. La joven se quedó sorprendida; pero, después de serenarse, dijo al artista:
—Hoy no puede ser, iré mañana.
Al día siguiente, después de los saludos previos, dijo la joven al pintor:
—Ayer no me atreví a servir de modelo para una imagen de la Inmaculada porque estaba en pecado. Esta mañana me he confesado y ahora podré servir menos indignamente.

I. SEGARRA, Anécdotas marianas para hacer oración.

Letrilla de la Virgen María esperando la Navidad

Cuando venga, ay, yo no sé
con qué le envolveré yo,
con qué.

Ay, dímelo tú, la luna,
cuando en tus brazos de hechizo
tomas al roble macizo
y le acunas en tu cuna.
Dímelo que no lo sé,
con qué le tocaré yo,
con qué.

Ay, dímelo tú, la brisa,
que con tus besos más leves
la hoja más alta remueves,
peinas la pluma más lisa.
Dímelo y no lo diré,
con qué le besaré yo,
con qué.

Y ahora que me acordaba
Ángel del Señor, de ti,
dímelo, pues recibí
tu mensaje: «he aquí la esclava».
Sí, dímelo por tu fe,
con qué le abrazaré yo,
con qué,

O dímelo tú, si no,
si es que lo sabes, José,
y yo te obedeceré,
que soy una niña yo,
con qué manos le tendré
que no se me rompa, no,
con qué.

GERARDO DIEGO

OFRECIMIENTO PARA ESTE DÍA

Nos proponemos visitar a Jesús en el Sagrario todos los días que nos sea posible, y si algún día no podemos, de acordarnos de Él y hacer una comunión espiritual.

(Pausa de silencio).

10. La Adoración de María y José al niño Dios

(S. Lucas 2, 6 y 7)
En el nombre del Padre...
Jesús ha hecho posible que todos los días sean para nosotros Navidad.
Si le recibimos permitiendo que nazca en nuestro corazón,
esa posibilidad se hará una estupenda realidad.

Lectura:

Llegados a la cueva, José dispuso las cosas de la mejor manera, de modo que en poco tiempo estaba lo más limpia y ordenada que puede estar una cueva. Y para que no faltaran los adornos, allí estaban el frío, la pobreza y todas las incomodidades juntas.
María, después de ocuparse con José en adecentar la gruta, al llegarle la hora, escogería la mejor parte: estar con el alma a los pies de su Hijo y su Señor.
Y sucedió –dice San Lucas– *que, estando allí, le llegó la hora del parto, y dio a luz a su hijo primogénito, lo envolvió en pañales y lo recostó en un pesebre, porque no hubo lugar para ellos en la posada.*
El Evangelista no nos habla de la adoración de María y José al Niño Dios. Pero, lógicamente, pensamos que ellos fueron los primeros y los mejores adoradores. Nosotros les pedimos perdón por atrevernos a imaginarlo:
María dudaría si actuar como Madre o como hija de Dios, pues ambas cosas podía, y lo haría de las dos maneras:
Unas veces, estrechando al Niño entre sus brazos y casi comiéndosele a besos.
Otras, le pondría en el pesebre y, temblando de fe y amor a Dios, le adoraría de rodillas.
José la miraría con santa envidia y al verlo María le dejaría

generosamente al Niño, que José recibiría loco de contento, para acabar cantándole y bailándole y también adorándole como María. Y nosotros, que hemos entrado ya en la gruta de Belén, nos atrevemos a decir a José que nos deje un poco al Niño, y le cantamos y bailamos y como ellos, y más tarde los pastores y los Magos, también LE ADORAMOS.

Reflexión:

(Hacer una breve pausa después de cada pregunta)

Adorar, según el origen de la palabra, significa: postrarse hasta tocar el suelo con la boca. Es ponerse a los pies del Señor con cuerpo y alma, servirle y amarle con todas las fuerzas y por encima de todas las cosas.

- ¿Amas a Dios así o haces su Voluntad solo cuando te apetece?
- ¿En la Santa Misa, cuando el sacerdote eleva la Sagrada Forma, adoras a Jesús arrodillándote, si te es posible, y haciendo un acto de fe profunda?

Anécdota
IR A MORIR A LOS PIES DE LA VIRGEN DE TORRECIUDAD

Carmen tenía una enfermedad incurable. Durante veinte años había sufrido numerosas operaciones para extirparle tumores cancerosos. Los médicos ya no le daban más de cuatro meses de vida. En ese momento le vino a la cabeza y al corazón un deseo imperioso: ir a morir a los pies de la Virgen de Torreciudad.
Carmen era viuda y no tenía hijos. Para despedirse de su familia convocó una fiesta en su casa de Madrid. En un momento dado pidió silencio a los asistentes: –Os he reunido para daros una noticia. Me quedan cuatro meses de vida y he decidido ir a morir a Torreciudad, un Santuario Mariano que se encuentra en Huesca. Por favor, no os molestéis por mí; os pediría que no vayáis a visitarme porque voy allí a rezar, a prepararme para morir.
Todos quedaron estupefactos. Como tenía un gran carácter y seguridad en sí misma, nadie la contradijo. Cuando llegaron algunas incomprensiones, ella sentía la fuerza que la Virgen le daba. No quería rehuir el dolor y no quería separarse de Ella bajo ningún concepto.
En cuanto llegó a Barbastro, hizo instalar en su habitación una talla de la Virgen de Torreciudad, delicadamente decorada. ¡Cuántas miradas, besos y piropos recibiría! Muchas veces se le oía decir: Madre mía, qué guapa eres. Cuánto te quiero. Muchos días subía a Torreciudad. Cada domingo asistía a la Santa Misa, se confesaba y hacía el Viacrucis. Por las tardes volvía a subir a la Bendición con el Santísimo. Junto a la Virgen sacaba la fuerza para ese día. Se le veía rezar con gran unción. Así, todos los días que podía –los últimos meses subía con muletas– hasta que no pudo más y tuvo que quedarse en cama.
Carmen tenía también un gran cariño al Fundador del Opus Dei. Conocía *Camino* desde los quince años y solía decir que el Padre había sido su amigo y su consejero y que él le había enseñado todo lo que sabía.
Pero la enfermedad que debía durar cuatro meses se fue alargando. Fue a ver a los médicos y le dijeron que el tumor, inexplicablemente, se había estacionado. Que en el momento en que volviera a avanzar le quedarían cuatro meses de vida. Año y medio más estuvo subiendo al Santuario, hasta que en marzo de 1990 le fue imposible hacerlo. Desde entonces estuvo cinco meses en la cama hasta que murió, cinco meses de agonía. Solo Dios sabe todo lo que sufrió Carmen y por qué Él quiso tenerla en la tierra.
Algo saben también el sacerdote y las personas amigas que le atendieron en los últimos meses de su vida. Estos se sienten deudores del ejemplo heroico de fortaleza ante el dolor que Carmen ofrecía por la Iglesia, por el Papa, por los sacerdotes, por la Obra, y se encomiendan a ella.

Testimonio de una amiga que atendió a Carmen en sus últimos meses.

Oración:
GLORIA DE LA MISA

Gloria a Dios en el cielo, y en la tierra paz a los hombres que ama el Señor.
Por tu inmensa gloria te alabamos, te bendecimos, te adoramos, te glorificamos, te damos gracias.
Gloria al Padre y al Hijo y al Espíritu Santo...

Canción sugerida: Salve Madre.

OFRECIMIENTO PARA ESTE DÍA

Pensamos para ver si hay algo en nuestra vida que se anteponga al Señor y le decimos con toda el alma: Señor, aparta de mí lo que me aparte de Ti.
(Pausa de silencio).

11. María y José llevan a circuncidar al Niño

(San Lucas 2, 21)
En el nombre el Padre...
Hoy asistimos con María y José al rito de la Circuncisión y participamos con ellos en el dolor por la primera Sangre derramada por el Niño y en el gozo por el nombre de JESÚS que se le impone.

Lectura:

Dios mandó la circuncisión a Abrahán como señal de su Alianza con él y con su Pueblo. Consistía en una dolorosa operación sobre el cuerpo del niño, a los ocho días de nacido, e incluía bendiciones y la imposición del nombre. Desde entonces, todos los niños judíos eran circuncidados al cumplir los ocho días.

Esto es lo que María y José, como perfectos cumplidores de la Ley, van a hacer ahora con Jesús: *Cuando se cumplieron los ocho días para circuncidar al niño* –dice San Lucas– *le pusieron por nombre Jesús, como lo había llamado el ángel antes de que fuera concebido en el seno materno.*

Jesús significa «Yavé salva», es decir, Salvador. ¡Y qué pronto cumple el Niño su misión y hace honor a su nombre, sufriendo por nuestra salvación!

¡Dolores y gozos en el alma de María y José!

En aquel momento, la Madre asiste conmovida y ve derramar las primeras gotas de sangre del fruto de sus entrañas. ¡Sangre adorable del Hijo de Dios y sangre humana, la más inocente, que Ella le dio; y ofrece ahora al Altísimo por la salvación del mundo!

Más tarde, María volverá a ver esa Sangre preciosa derramada

generosamente, a lo largo de toda la Pasión.
Luego, al pie de la Cruz, con el corazón traspasado, la Madre Dolorosa verá morir a su Hijo y derramar la última gota de sangre. De esta manera, la Madre sufre en su Corazón los sufrimientos del Hijo.
Al final, el inmenso dolor dará paso al mayor gozo: al precio de la Sangre del Hijo y el dolor de la Madre, los hombres seremos salvados, se habrá cumplido nuestra Redención.

Oración:

¡OH, SEÑORA MÍA! (Ver pág. 61).

Reflexión:

(Hacer una breve pausa después de cada pregunta)

Jesús, nuestro Salvador, sufre por nosotros desde que nace en Belén hasta que muere en la Cruz. Pero la Cruz de Jesús no es tristeza, sino fuente de alegría.

- ¿Pides a la Virgen que te enseñe a vencerte por amor, con alegría, para cumplir tu deber, para mejorar tu trabajo, para hacer la vida más agradable a los que te rodean?

Anécdota

EL MILAGRO MÁS EXTRAORDINARIO Y PROBADO DE LA VIRGEN DEL PILAR

Calanda (Teruel) dista 120 km de Zaragoza y 230 de Castellón de la Plana. A principios del s. XVII contaba con 250 vecinos (unos 1.000 habitantes) y 10 sacerdotes. Allí nació y fue bautizado Miguel Juan el 25 de marzo de 1617, y tuvo otros siete hermanos. A la edad de 16 años, a pesar de la oposición de su padre, fue a Castellón de la Plana a trabajar con su tío Jaime, que era labrador. El suceso ocurrió a finales de julio de 1637. Miguel iba montado sobre una de las dos mulas que arrastraban un carro cargado de trigo. Quizá vencido por el sueño, o tal vez por tropezar la mula, cayó al suelo y la rueda del carro le pasó sobre la pierna derecha rompiéndosela cerca del tobillo.

Su tío lo llevó 50 km hasta Valencia. (En el hospital se registra su ingreso el 3 de agosto). En vista que empeoraba, él mismo pidió le llevaran al famoso hospital de Zaragoza, donde llegó, después de un penoso viaje de 320 km, febril y con la pierna engangrenada. A pesar de esto quiso ir primero al Pilar, donde confesó y comulgó. Ya en el hospital, viendo que peligraba su vida, el licenciado Juan de Estanga, después de consultar con el maestro Millaruelo, decidió cortarle la pierna cuatro dedos por debajo de la rodilla.

A los pocos meses, salía del hospital curado: con una pata de palo y una muleta. El cabildo le dio permiso para pedir limosna a la puerta del Pilar. Se sabe que mientras pedía a la puerta del templo aprovechaba las ocasiones y oía Misa todos los días y cada ocho confesaba y comulgaba. Cuando los dolores de la cicatriz apretaban, se untaba con el aceite de las lámparas de la Virgen. El 10 de marzo de 1640 llegó a su casa donde sus padres «le recibieron como a un hijo».

El 29 de marzo, Miguel se acostó sobre un serón de esparto y un pellejo, junto a la cama de su padre. Un cuarto de hora más tarde, Miguel, profundamente dormido, soñaba que se untaba el muñón con aceite del Pilar. Al entrar sus padres en el aposento notaron una extraña fragancia; la madre vio, muda de asombro, que le salían de la ropa no una, sino las dos piernas cruzadas. Se acababa de realizar uno de los milagros más prodigiosos y comprobados que se conocen.

Cfr. J. LUIS DE URRUTIA, S. J. Colección: *Apariciones de la Virgen.*

OFRECIMIENTO PARA ESTE DÍA

Nos proponemos ofrecer a Dios, por medio de María, las contrariedades y pequeños sacrificios que se nos presenten con la confianza de que el Señor es capaz de sacar de los dolores, gozos y de la muerte, vida.

(Pausa de silencio).

12. La purificación de María y la presentación del Niño

(San Lucas 2, 22-24)
En el nombre del Padre...
Hoy, a los cuarenta días del Nacimiento de Jesús, acudimos al Templo con la Sagrada Familia, que va a cumplir la Ley del Señor: La Purificación de la Madre y la Presentación del Hijo.

Lectura:

Toda mujer judía, a los cuarenta días del nacimiento de un hijo varón, acudía al templo a cumplir el rito de la purificación y a presentar a su hijo al Señor, como mandaba la Ley de Moisés.
María, como una hebrea más, al cumplirse los cuarenta días del nacimiento de Jesús, va con José al templo para presentar al Niño y para purificarse.
Pero ¿purificarse la pureza?; ¿purificarse la luz?; ¿la más hermosa que la hermosura y la más santa de las mujeres?
Pues sí, la Virgen Purísima tenía y tiene mucho que purificar; no en su alma, pero sí en la nuestra, en la de todos sus hijos y todos los pecadores.
Y Ella con su humildad, con su obediencia y acudiendo al templo a purificarse, no solo nos muestra su pureza santa, sino que nos enseña también el camino, que a nosotros ha de purificarnos: La obediencia rendida a la Ley de Dios.
«¿Aprenderás con este ejemplo, niño tonto, a cumplir, a pesar de todos los sacrificios personales, la Santa Ley de Dios?
¡Purificarse! ¡Tú y yo sí que necesitamos purificación!...»[1].

[1] San Josemaría Escrivá, *Santo Rosario, Cuarto misterio gozoso.*

Reflexión:

(Hacer una breve pausa después de cada pregunta)

María, que concibió y fue concebida sin sombra de pecado, acude al Templo a purificarse.

- ¿Admites fácilmente excusas para dejar de cumplir la Ley de Dios?
- ¿Imitas la humildad de la Virgen, que siendo Madre de Dios pasa inadvertida como una más entre las mujeres de su pueblo?

Oración:
BENDITA SEA TU PUREZA

Bendita sea tu pureza
y eternamente lo sea;
pues todo un Dios se recrea
en tan graciosa belleza.
A Ti, celestial Princesa,
Virgen sagrada María,
yo te ofrezco en este día
alma, vida y corazón;
mírame con compasión,
no me dejes, Madre mía.

Anécdota
LA PECADORA QUE DEJÓ DE SERLO...

Una mujer que, joven y rica, quebrantó los Mandamientos de Dios abandonándose al pecado, y bajo apariencias normales y aun devotas escondió un corazón corrompido y un alma sin vida, formuló en 1945, en una revista mariana, esta pública declaración:

¡Ah!; yo quisiera que nadie hiciera lo que necia y locamente hice yo...

Quisiera que los jóvenes, y más todavía las jóvenes, atendieran este grito mío:

¡Velad!; cuidado con ceder la primera vez...

Se comienza por poco; se entrega a la pasión titubeando la primera vez; ya la segunda con menos miedo, y luego..., luego se rueda insensiblemente muy hondo, muy hondo.
Si tuviera medio de hacerme oír de todas las jóvenes, les gritaría: ¡Sed celosas de vuestro corazón; no lo deis al primer pretendiente. Sed celosas de vuestra pureza; la joya más preciosa que poseéis!...
Guardaos y huid de toda persona que constituya un peligro para vuestra alma. Quien os ame, ha de amaros amando, sobre todo, a Dios. A quien vosotras améis ha de ser sin menoscabo del supremo amor a Dios.
Que el amor con que os distingan sea tan verdadero, que nunca ofenda a Dios.
Y que el amor que vosotras sintáis sea tan limpio, que lo bendiga siempre Dios.
A medida que crece el pecado, disminuyen las fuerzas para vencerle, para rectificar, para retroceder y para enmendarse.
Yo confieso que ya no tenía esperanza. Estaba cierta de mi condenación.
Por eso me daba más a los placeres, a una vida de locura, para ahogar los remordimientos y alejar el recuerdo de la muerte...
Solo seguí rezando mañana y noche las tres Avemarías, si bien muchas veces las rezaba distraída y maquinalmente.
Pero, aun entonces, la Virgen escuchaba mi súplica: «Ruega por nosotros, pecadores...».
Hasta que un día, ¡oh, misericordia de María!, me sentí invadida de un vivo aliento para salir del pecado, confesar mis culpas y cambiar de vida... ¡La Virgen Santísima había obrado mi conversión!... ¡Ella..., Ella me ha salvado!

Las tres Avemarías, llave del Paraíso. Ed. Paulinas, 1960, pág. 64.

Canción sugerida: Eres más pura que el sol.

A la purificación de Nuestra Señora

La Virgen se purifica,
¿qué significa?

Querría, Virgen Sagrada,
una cosa preguntaros:
¿Qué vais a purificaros
no habiendo sido manchada?
¿Qué significa?

En esto, Virgen, dais muestra
de vuestra humildad profunda
para que así se confunda
la vana arrogancia nuestra.
Vais pobre y necesitada
siendo de valor tan rica.
En esto se ve y se explica,
¿qué significa?

DAMIÁN DE VEGAS (s. XVIII)

OFRECIMIENTO PARA ESTE DÍA

Pensamos cómo vamos a imitar a la Virgen en su humildad, en su pureza y en su amor al cumplimiento de la Ley de Dios.

(Pausa de silencio).

13. «Una espada traspasará tu alma»

(San Lucas 2, 25-35)
En el nombre del Padre...
Seguimos en el Templo de Jerusalén y, con María y José, escuchamos la profecía de Simeón que dice a la Madre: «A Ti una espada te traspasará el alma».

Lectura:

Cuando María y José presentaron al Niño en el templo, había en Jerusalén un hombre justo y temeroso de Dios a quien el Espíritu Santo había revelado que no moriría sin ver al Cristo del Señor.
Era el anciano Simeón.
Al ver entrar a los padres con el Niño, lo tomó en sus brazos y exclamó bendiciendo a Dios:
Ahora, Señor, puedes sacar en paz de este mundo a tu siervo, según tu palabra; porque mis ojos han visto tu salvación...
María y José estaban admirados de lo que oían de Jesús.
Simeón los bendijo y después hizo dos profecías, una sobre el futuro del Niño y otra sobre la Madre.
Dijo a María, refiriéndose al Niño:
Este ha sido puesto para ruina y para resurrección de muchos en Israel...
Y luego dijo a la Madre: *Y una espada traspasará tu alma.*
Las palabras de Simeón son ahora claras para nosotros, porque ya se han cumplido:
Jesús ha venido a salvar a todos los hombres. Pero será ruina para los que le rechazan, y resurrección para los que le reciben. Y la espada de dolor, forjada por los pecados de los hombres, que traspasará el alma de María, serán todos los sufrimientos del Hijo que la Madre hará suyos, e irán clavándose en su Corazón hasta traspasarlo, con la muerte de Jesús en la Cruz.
Por eso llamamos a María Madre Dolorosa o Virgen de los Dolores.

Reflexión:

(Hacer una breve pausa después de cada pregunta)

- ¿Recibes a Jesús con frecuencia en la Sagrada Comunión?
- ¿Lo haces con el alma bien dispuesta: en gracia de Dios, con santos deseos y guardando el ayuno eucarístico?
- ¿Procuras desagraviar a la Virgen por las muchas ofensas que entre todos le hacemos a Ella y a su Hijo Jesús?

Canción sugerida: Ruega por nosotros.

Anécdota
JUAN PABLO II HABLA DEL ROSARIO

El Rosario es mi oración predilecta. ¡Plegaria maravillosa! Maravillosa en su sencillez y en su profundidad. En esta plegaria repetimos muchas veces las palabras que la Virgen María oyó del arcángel y de su prima Isabel. A estas palabras se asocia la Iglesia entera... Al mismo tiempo nuestro corazón puede incluir en estas decenas del Rosario todos los hechos que entraman la vida del individuo, de la familia, de la nación, de la Iglesia y de la humanidad. Experiencias personales y del prójimo, sobre todo de las personas más cercanas, que llevamos más en el corazón. De este modo, la sencilla plegaria del Rosario sintoniza con el ritmo de la vida humana.

JUAN PABLO II, Alocución (29 de octubre de 1979).

Oración:
LA SALVE

Dios te salve, Reina, Madre de misericordia,
vida, dulzura y esperanza nuestra;
Dios te salve.
A Ti clamamos los desterrados hijos de Eva;
a Ti suspiramos gimiendo y llorando,
en este valle de lágrimas.
Ea, pues, Señora, abogada nuestra,
vuelve a nosotros esos tus ojos
misericordiosos;
y después de este destierro
muéstranos a Jesús,
fruto bendito de tu vientre.
¡Oh clementísima, oh piadosa,
oh dulce siempre Virgen María!
Ruega por nosotros, Santa Madre de Dios,
para que seamos dignos de alcanzar
las promesas
de nuestro Señor Jesucristo. Amén.

A la gloriosa madre de Dios en la Pasión y Muerte de su hijo

¿Qué sintió tu corazón,
¡oh Virgen de gracia llena!
ver tu Hijo en tanta pena?;
¿quién dirá tu turbación,
Madre de consolación,
hija de quien eres Madre,
tan perfecta en perfección
cuan llagada de pasión,
tan amada de Dios Padre?

Dolor qual nunca se vio,
dolor sin tener segundo
que, por redimir el mundo,
quien nos hizo padeció,
sentiste lo quél sintió
y tu pasión fue la suya,
porque tal pasión te dio
que la Pasión quél sufrió
fue la mesma pasión tuya.

JUAN DEL ENCINA (s. XV).

OFRECIMIENTO PARA ESTE DÍA

Recordamos alguna ofensa que hayamos hecho a Jesús o a la Virgen, aunque ya esté perdonada, y hacemos un acto de contrición.

(Pausa de silencio).

14. Los Magos adoran a Jesús en brazos de María

(San Mateo 2, 1-12)
En el nombre del Padre...
Con los Magos venidos de Oriente acudimos hoy a Belén –al Sagrario– para aprender de ellos a postrarnos ante el Niño y a adorar en Él al Hijo de Dios.

Lectura:

Cuando los Magos, guiados por la estrella, llegaron a Jerusalén, manifestaron con claridad el motivo de su viaje. Preguntaron a Herodes: *¿Dónde está el Rey de los Judíos que ha nacido?* Y añadieron: *Porque hemos visto su estrella en el Oriente y venimos a adorarle.*
Adorar al Niño Dios, postrarse a los pies del Mesías esperado, del Redentor del mundo y ofrecerle sus dones y entregarle sus vidas, este era el único deseo que les había movido a salir de su tierra, a dejar su casa y su familia y a emprender aquel viaje.
Este mismo deseo, cada vez más próximo a realizarse, era el que les había llenado de un gozo sobremanera grande cuando, al salir de Jerusalén, volvieron a ver la estrella.
Y si la luz de una estrella, que solo les indicaba el camino, les produjo tan inmenso gozo, ¿qué gozo no sentirían cuando al llegar a Belén se encontraron y vieron al mismo Sol del Cielo, a Jesús en brazos de su Madre?
Aquí el Evangelista, como si faltaran palabras adecuadas para tan gran misterio, se limita a decir:
Y entrando en la casa, vieron al niño con María, su Madre, y postrándose le adoraron; y luego abrieron sus cofres y le ofrecieron presentes: Oro, incienso y mirra.

Canción sugerida: Venid y vamos todos.

Reflexión:

(Hacer una breve pausa después de cada pregunta)

Los Magos fueron a Belén para adorar a Jesús. Nosotros le adoramos en el Altar, durante la Consagración, y en el Sagrario.

- ¿Haces la genuflexión despacio, adorándole, siempre que pasas delante de Jesús en el Sagrario?
- ¿Recurres a María y a José para adorar a Jesús con la fe y el amor que Ellos lo hicieron, como lo hicieron los Magos?

Anécdota

JUAN PABLO II HABLA DEL ROSARIO:

Misterios gozosos...

«En los misterios gozosos, por el ejemplo de la Virgen que guardaba en su corazón todos los recuerdos del Hijo (cfr. Lc 2, 51) aprenderéis a esperar en Dios y a servirle solo a Él, y sois impulsados a cumplir siempre y con generosidad el divino querer, a amar al prójimo, a ayudarle en sus necesidades; sois estimulados a no lamentaros ante las dificultades que la vida pueda presentaros, pensando en Jesús que por nosotros se hizo pobre y escondido. En la escuela del "Rosario viviente" aprendéis, pues, a unir a la plegaria el sacrificio: se os enseña a ocuparos principalmente de las cosas que se refieren al Señor.

dolorosos...
En los misterios dolorosos llegáis a conocer que es imposible ser verdaderamente cristianos y tender a la perfección sin subir espiritualmente al Calvario junto con Jesús y María, aceptando con docilidad el sufrimiento y las cruces de la vida permitidas por el Señor. Para tener éxito en esta noble empresa, es necesario combatir sin tregua el pecado y purificar continuamente el alma de todas las culpas cometidas.

gloriosos...
Por último, mediante la meditación de los misterios gloriosos podéis uniros a Cristo resucitado con un corazón ardiente y purificado de toda mancha de pecado, para poder cumplir siempre su voluntad en espera de gozarlo por toda la eternidad. Recitando el Rosario de este modo, progresaréis cada vez más en la virtud y seréis cada vez más fervorosos, sabiendo que estáis en la escuela de la santidad (...). Se os pide a vosotros, mediante vuestra fe, en el seno de la familia, entre los coetáneos, la difusión de esta forma de oración».
JUAN PABLO II, A los muchachos del movimiento del 7 de mayo de 1981.

Y luminosos
En realidad, todo el misterio de Cristo es luz. Él es «la luz del mundo» (Jn 8, 12). Pero esta dimensión se manifiesta, sobre todo, en los años de vida pública cuando anuncia el evangelio del Reino.
JUAN PABLO II, Carta Apostólica *El Rosario de la Virgen María.*

Los Magos y la estrella

Reyes que venís por ellas,
no busquéis estrellas ya,
porque donde sale el Sol
no tienen luz las estrellas.

Aunque por una venís,
el conocerlas ha sido
la causa por quien seguís
este sol recién nacido,
que hoy adoráis y servís.

Y pues por luces tan bellas
se manifiesta el rey dellas,
yo apostaré que habéis visto
de estrella en estrella a Cristo,
reyes que venís por ellas.

La estrella parada está
con que del sol muestras da;
otra tenéis que os guía,
pues habéis visto a María:
no busquéis estrellas ya.

LOPE DE VEGA

Oración:
DEL HIMNO DE SANTO TOMÁS

1. Te adoro con devoción, Dios escondido, oculto verdaderamente bajo estas apariencias.
A Ti se somete mi corazón por completo, y se rinde totalmente al contemplarte.

OFRECIMIENTO PARA ESTE DÍA

Nos proponemos hacer un acto de fe y adoración cada vez que hagamos la genuflexión al pasar delante de Jesús en el Sagrario.
(Pausa de silencio).

15. La Sagrada Familia huye a Egipto

(San Mateo 2, 13-18)
En el nombre del Padre...
José y María huyen a Egipto porque Herodes busca al Niño para matarlo.
Procuremos acompañarles en este largo y duro viaje.

Lectura:

Una vez más, en la vida de María y José, van a estar unidos gozos y dolores. Aún dura la alegría de la visita de los Magos, cuando se hacen presentes el temor y la angustia.
Un Ángel despierta a José y le dice: *Levántate, toma al niño y a su madre, huye a Egipto y estáte allí hasta que yo te diga, porque Herodes va a buscar al niño para matarlo.*
José, con la mayor delicadeza, llamó a la Virgen, pero no pudo evitarle el sobresalto: ¡Amenazas de muerte a su Hijo!
Con gran prisa recogen lo imprescindible y, al amparo de la noche, emprenden el largo y duro viaje, de unos 500 km a través del desierto.
Han comenzado la huida a Egipto que durará muchos días y noches.
Pronto, con las agotadoras jornadas, aparecen los inseparables compañeros de viaje: el hambre y la sed, el frío, el calor, el cansancio y, con ellos, el temor y la inquietud, porque pueden venir persiguiéndoles.
María y José, en medio de tantas dificultades, no pierden la paz; obedecen al Ángel y siguen incansables su camino confiando plenamente en Dios, que renueva sus fuerzas. *A los que esperan en Dios* –dice Isaías– *les nacen alas como de águila, corren sin cansarse, marchan sin fatigarse* (Is 40, 31).
En las calles de Belén y alrededores hay sangre de niños

Oración:
A NUESTRA SEÑORA DE LOS ÁNGELES

Augusta Reina de los cielos,
Soberana Señora de los Ángeles,
a Vos, que habéis recibido de Dios
el poder y la misión
de quebrantar la cabeza de Satanás,
os pedimos humildemente
que enviéis vuestras santas
legiones de Ángeles,
para que, con vuestro poder
y bajo vuestras órdenes,
persigan a los demonios,
los combatan en todas partes,
repriman su audacia
y los arrojen en los abismos.

¡Quién como Dios!

Santos Ángeles y Arcángeles,
defendednos y guardadnos.
¡Oh buena y tierna Madre,
Vos seréis siempre nuestro amor
y nuestra esperanza! Amén.
(Oración popular peruana).

inocentes y llantos inconsolables de sus madres. Pero Jesús está ya lejos del peligro en tierras de Egipto. El susto se ha pasado y en el alma de los santos esposos vuelve a brillar el sol: Ahora sienten un gozo grande en el fondo del alma, porque esta vez Dios se ha servido de ellos para salvar al Salvador.

Reflexión:
(Hacer una breve pausa después de cada pregunta)

- ¿Obedeces con prontitud a lo que Dios te manda por medio de tus padres y educadores?
- Ante las contrariedades, ¿confías en Dios como María y José o te impacientas y pierdes la paz?
- ¿Reaccionas con fortaleza ante las dificultades, sin desanimarte, para superarlas?

Anécdota

NUESTRA SEÑORA DE LAS CARRETERAS

En el estado de Maryland (tierra de María), existe en Estados Unidos una asociación de conductores de vehículos. Se llama «Nuestra Señora de las carreteras» y el domicilio radica exactamente cabe una estatua de la Virgen que hay en la Carretera Interestatal número 95. Un día de niebla espesa, hubo en la carretera número 95 –siempre llena de tráfico– un accidente, en el que se vieron envueltos diecisiete vehículos, entre coches y camiones. Murieron muchas personas y resultaron heridas muchas más. Un buen religioso, que presenció el accidente, decidió erigir allí una imagen de la Santísima Virgen –convenientemente iluminada de noche– para que sirva de recordatorio a los conductores que circulan por aquel paraje. La presencia de la bella imagen les empuja a elevar su alma a Dios, pidiendo ayuda para un viaje seguro; y les motiva a ser prudentes, cooperando así humanamente a la gracia de Dios. Aquel buen religioso, de la congregación de Oblatos de San Francisco de Sales, promovió también la asociación piadosa. Para pertenecer a ella, hay que comprometerse a rezar un Avemaría antes de empezar un viaje y encomendar a Dios a los demás conductores que se cruzan con sus vehículos, diciendo a menudo la jaculatoria: «Virgen de las Carreteras, protégenos a los que viajamos».

I. SEGARRA, *Anécdotas marianas.*

Huida a Egipto

1. ¿Dónde va el Alba divina
con el Sol que al mundo salva?
—Quieren matarle, y el Alba
le cubre con su cortina.

Todo este rojo arrebol
es sangre de vidas bellas,
que matando las estrellas
piensan eclipsar el sol;
¿luego María divina
es el Alba que al Sol salva?
—Quieren matarle, y el Alba
le cubre con su cortina.

2. Cristo Sol y Alba María
a Egipto, felice suelo,
huyen dando envidia al cielo,
donde amanece tal día;
José con ellos camina,
guía el Alba, que al Sol salva.
—Quieren matarle, y el Alba
le cubre con su cortina.

3. En vano Herodes porfía
hallar a Cristo en el suelo,
porque se ha subido al Cielo
de los brazos de María.

José, su adoptivo padre,
la espada cruel temiendo,
a Egipto le lleva huyendo
en los pechos de su Madre.

No podrá su tiranía
ejecutar su mal celo,
—Quieren matarle, y el Alba
le cubre con su cortina.

LOPE DE VEGA, en *Pastores de Belén.*

Canción sugerida: Santa María del camino.

OFRECIMIENTO PARA ESTE DÍA

Nos proponemos buscar la compañía y protección de la Virgen en nuestros viajes, rezándole alguna jaculatoria u oración del viaje.

(Pausa de silencio).

16. Jesús, María y José en Nazaret

(San Mateo 2, 19-23 y San Lucas 2, 52)
En el nombre del Padre...
Hoy vamos a entrar en el hogar de Nazaret para tomar ejemplos de vida de la Sagrada Familia, pues Ella es el modelo de toda familia cristiana.

Lectura:

Sería el Ángel de la Guarda de la Sagrada Familia, ya conocido de José, quien, muerto Herodes, le avisó de nuevo:
Levántate, toma al niño y a su madre y vete a la tierra de Israel; pues han muerto ya los que atentaban contra la vida del niño.
Y los Tres vuelven a recorrer el camino, ahora un poco más largo, hasta llegar a Nazaret.
Alguna vez el Niño, cansado de andar, se quedaría rezagado en el camino y María le animaría con su ejemplo y alguna palabra amable: ¡Ánimo, Jesús, tienes que hacerte hombre fuerte como José!
Y esto ponía alas en los pies del Niño.
Llegados a Nazaret, se dedicaron con ilusión y empeño a organizar la casa y el taller, y pronto comenzó la vida normal. Vida de oración y de trabajo.
A María y José nunca les faltó afán de trabajo y mucho menos ahora que lo hacían por Jesús.
Con su trabajo diario de carpintero, José ganaba el sustento de su Familia, a la que se dedicaba por entero, cumpliendo su misión de esposo de María y padre de Jesús.
Con su trabajo de Madre y Esposa, María criaba y educaba a Jesús; y atendía, amorosa, a José y a las labores todas de la casa.
Y en esta Escuela trabajaba Jesús y aprendía lecciones de vida: a rezar, a obedecer, a amar y ser

amado; a conocer las letras y la Sagrada Biblia, enseñado por su Madre, y a manejar la sierra y el martillo, guiado por José.
Y así el Niño creció *en edad, sabiduría y gracia* hasta hacerse hombre perfecto.

Reflexión:
(Hacer una breve pausa después de cada pregunta)

- ¿Obedeces con prontitud a lo que Dios te manda por medio de tus padres y educadores?
- Ante las contrariedades, ¿confías en Dios como María y José o te impacientas y pierdes la paz?
- ¿Reaccionas con fortaleza ante las dificultades, sin desanimarte, para superarlas?

Anécdota

LA PLEGARIA EN FAMILIA

La plegaria familiar tiene características propias. Es una oración hecha en común, marido y mujer juntos, padres e hijos juntos. La comunión en la plegaria es a la vez fruto y exigencia de esa comunión que deriva de los sacramentos del bautismo y del matrimonio. A los miembros de la familia cristiana pueden aplicarse de modo particular las palabras con las cuales el Señor Jesús promete su presencia: «Os digo en verdad que si dos de vosotros convinieseis sobre la tierra en pedir cualquier cosa, os lo otorgará mi Padre que está en los cielos. Porque donde están dos o tres congregados en mi nombre, allí estoy yo en medio de ellos».
Esta plegaria tiene como contenido original la misma vida de familia que en las diversas circunstancias es interpretada como vocación de Dios y es actuada como respuesta filial a su llamada: alegrías y dolores, esperanzas y tristezas, nacimientos y cumpleaños, aniversarios de la boda de los padres, partidas, alejamientos y regresos, elecciones importantes y decisivas, muerte de personas queridas, etc., señalan la intervención del amor de Dios en la historia de la familia, como deben también señalar el momento favorable de acción de gracias, de imploración, de abandono confiado de la familia al Padre común que está en los cielos. Además, la dignidad y responsabilidades de la familia cristiana en cuanto Iglesia doméstica solamente pueden ser vividas con la ayuda incesante de Dios, que será concedida sin falta a cuantos la pidan con humildad y confianza en la oración.

JUAN PABLO II, *Familiaris Consortio*, n. 59.

Canción sugerida: Santa María del Amén.

Oración:

Jesús, José y María, os doy el corazón
y el alma mía.
Jesús, José y María, asistidme
en mi última agonía.
Jesús, José y María, con vosotros descanse
en paz el alma mía.

OFRECIMIENTO PARA ESTE DÍA

Pensamos en el trabajo que hoy vamos a hacer y en qué podemos mejorarlo y se lo ofrecemos al Señor.

(Pausa de silencio).

17. María y José pierden a Jesús y lo encuentran en el Templo

(San Lucas 2, 41-52)
En el nombre del Padre...
Hoy nos fijamos en la gran lección de obediencia que Jesús nos dio a la edad de doce años, cuando se quedó en el Templo de Jerusalén.

Lectura:

Hoy agradecemos al Espíritu Santo y a San Lucas lo que nos han transmitido sobre Jesús a la edad de doce años:
Cuando el Niño tuvo doce años, sus padres le llevaron a Jerusalén, a la fiesta de la Pascua. Al regresar, el Niño se quedó en Jerusalén sin advertirlo sus padres. Le buscaron por todas partes, y al no encontrarlo, volvieron a Jerusalén. Por fin, al tercer día, lo encontraron en el Templo, sentado en medio de los doctores, escuchándoles y preguntándoles. Y cuantos le oían quedaban admirados de su sabiduría y de sus respuestas.
Como es propio de los niños, Jesús se dedicaba a aprender, no a enseñar, y a obedecer en todo a sus padres de la tierra. Pero hoy, por un momento, va a hacer de Maestro, para darnos dos grandes lecciones: una de sabiduría y otra de la más alta obediencia, la que debemos al Padre de los Cielos.
No es que el Niño se perdiese; sus padres no le encontraban y le creyeron perdido. Pero Él estaba en su sitio: donde su Padre le reclamaba y ocupado en las cosas que le pedía.
Al verlo se maravillaron, y le dijo

su madre: Hijo, ¿por qué nos has hecho esto?

Lo maravilloso fue ver al Niño dando lecciones, primero, a los doctores y, después, a sus propios padres:

¿Por qué me buscabais? ¿No sabíais que es necesario que yo esté en las cosas de mi Padre? Pero ellos no comprendieron lo que les dijo.

A excepción de este momento y como es lo normal, la voluntad de su Padre del Cielo pidió a Jesús que obedeciera a sus padres de la tierra. Y así lo hizo: *Bajó con ellos a Nazaret y les estaba sujeto.*

Reflexión:

(Hacer una breve pausa después de cada pregunta)

Obedecemos a Dios obedeciendo a los padres, que son sus representantes:

- ¿Lo hago con prontitud y alegría, como Jesús obedecía a sus padres de la tierra?
- ¿Te esfuerzas en conocer bien los Mandamientos de Dios y de la Iglesia, y tus obligaciones como estudiante, trabajador, etc., para poder obedecer y cumplir la Voluntad de Dios?

Anécdota

UN PORTERO LLAMADO IRÍBAR

José Ángel Iríbar una tarde fue a visitar el colegio de los jesuitas de Indaucho, en Bilbao, cuando los estudiantes se hallaban rezando el Rosario en la Capilla. Iríbar se arrodilló en los últimos bancos para no llamar la atención de los muchachos, rezando también a la Madre común. Uno de los preceptores se dio cuenta de la presencia del gran futbolista y le invitó a dirigir una decena.

Los chavales se quedaron estupefactos al ver a su ídolo que subía al presbiterio para hablarles. El «sermón» de Iríbar fue espontáneo y cordial y entró como un balonazo en el corazón de los chicos. Sus palabras fueron estas, aproximadamente: «Hay que rezar, muchachos. Tenemos que parar sea como sea las tentaciones como el portero para el balón, y despejarlas lejos, muy lejos, hasta medio campo por lo menos. Si queremos ser algo en la vida, tenemos que someternos a duros entrenamientos y a llevar una vida austera, y tenemos que aprender a obedecer. A mí, a veces, me costó mucho obedecer al médico, pues cuando estaba en el hospital el doctor me prohibió ver por la tele un partido porque me iba a poner nervioso... Hay que trabajar en equipo y no querer lucirnos nosotros sin saber dar juego a otros, para que gane el equipo. Hay un equipo mejor que el Atlético y es el equipo de los misioneros cuyo seleccionador es nuestro Señor Jesucristo. Y ese es el mejor fichaje. Lo importante es ganar esa final que no se repite, que es la salvación del alma, porque, al final de la jornada, aquel que se salva, sabe, y el que no, no sabe nada. La llegada al Ayuntamiento con la copa, cuando vencemos, me hace pensar en la entrada en el Cielo, ganada la victoria definitiva».

El de José Ángel Iríbar no tuvo nada de tostón y causó gran impacto en el ánimo de la muchachada que escuchó con emocionado silencio aquellas palabras sinceras y luminosas de su idolatrado portero. Algunos padres, que lo oyeron también, se enjugaron disimuladamente unas lágrimas furtivas. Un hermano lego comentó entusiasmado: «Es también un buen delantero. Nos ha metido un gol como una catedral».

«María entre Nosotros». Barcelona.

Encuentro de María y José con el niño

Y el Niño en desabrida
respuesta misteriosa:
«¿Por qué tan afligida,
por qué me buscáis vos?

¿No veis que cumplo, Madre,
mi obligación forzosa;
no veis que de mi padre
me ocupo y de mi Dios?».

A réplica tan dura,
José y Miriam callaron,
que la sentencia oscura
no pueden comprender;
mas luego juntamente
los tres encaminaron
el paso alegremente
de vuelta a Nazaret.

H. García de Quevedo (s. XIX)

Canción sugerida: Todos te deben servir.

Oración: DULCE MADRE (Ver pág. 88).

OFRECIMIENTO PARA ESTE DÍA

Pensamos en aquellas cosas en las que más nos suele costar obedecer y hacemos un propósito concreto para mejorar.

(Pausa de silencio).

18. María, maestra de Oración

(San Lucas 2, 19 y 51)
En el nombre del Padre...
Los Apóstoles dijeron un día a Jesús: «Señor, enséñanos a orar».
Hoy nosotros se lo decimos a Nuestra Señora, que es la mejor discípula y, como mujer, también la mejor Maestra de oración.

Lectura:

En dos ocasiones (concluida la adoración de los pastores y después del encuentro de Jesús en el Templo) observa San Lucas: *María guardaba todas estas cosas, meditándolas en su corazón.*
Se ve que María tenía mucho que hablar con Dios de su Hijo y con su Hijo de Dios y que esta era su ocupación preferida: orar, es decir, hablar con su Padre Dios y con su Hijo, Jesús.
El Niño iba creciendo con los demás niños, y de San José y la Virgen aprendió a hablar, seguramente con esa palabra que tan celosamente nos han conservado los evangelistas: *¡Abba!* (nuestro papá de ahora), que igualmente usaba para dirigirse a su Padre Dios y al que hacía sus veces en la tierra.
María, la mejor discípula del Espíritu Santo, al tiempo que Jesús iba creciendo, le contaría las maravillas que el Todopoderoso había hecho en Ella: el diálogo con Gabriel en su Anunciación y la Visitación a su prima Isabel. Y más tarde, el anuncio de la «espada» que llevaba ya clavada en su corazón, aun sin saber muy bien el alcance del misterio.
Y después del regreso a Nazaret, ¿no preguntaría la Virgen –como más tarde lo hacían los discípulos cuando no entendían una parábola– que le alzara un poco el velo de aquella respuesta que «no entendieron»?
Y María escucharía atentamente las palabras salidas de los divinos labios de su Hijo, para volver una y otra vez a meditarlas en su corazón.

Reflexión:

(Hacer una breve pausa después de cada pregunta)

- ¿Pido a María, Maestra de oración, que me enseñe a tratar a Jesús con la fe, humildad, delicadeza y amor, con que Ella le trató?
- En la oración litúrgica, en la iglesia, ¿evito actitudes que suponen poco respeto, en las posturas o en la forma de rezar?
- ¿En las oraciones vocales, ¿rezo con pausa y atención? ¿Lucho contra las distracciones?

Anécdota

LOS PADRES, MAESTROS DE ORACIÓN

En virtud de su dignidad y misión, los padres cristianos tienen el deber específico de educar a sus hijos en la plegaria (...). Elemento fundamental e insustituible de la educación de la oración es el ejemplo concreto, el testimonio vivo de los padres –y continúa Juan Pablo II citando a Pablo VI–: «Madres, ¿enseñáis a vuestros niños las oraciones del cristiano? ¿Preparáis, de acuerdo con los sacerdotes, a vuestros hijos para los sacramentos de la primera edad: confesión, comunión, confirmación? ¿Los acostumbráis, si están enfermos, a pensar en Cristo que sufre? ¿A invocar la ayuda de la Virgen y de los santos? ¿Rezáis el Rosario en familia? Y vosotros, padres, ¿sabéis rezar con vuestros hijos, con toda la comunidad doméstica, al menos alguna vez? Vuestro ejemplo, en la rectitud del pensamiento y de la acción, apoyado por alguna oración en común, vale una lección de vida, vale un acto de culto de un mérito singular; lleváis de este modo la paz al interior de los muros domésticos: "Pax huic domui". Recordad: así edificáis la Iglesia».

JUAN PABLO II, Exh. Apost. *Familiaris Consortio,* n. 60.

Canción sugerida: Estrella del mar

Madre Santa del Redentor

Madre Santa del Redentor,
puerta siempre abierta del Cielo,
estrella del mar,
socorre al pueblo que cae
y procura levantarse.

Tú, que ante el asombro de la naturaleza,
engendraste a tu Santo Creador;
Virgen antes y después de haber recibido
de Gabriel aquel Ave,
ten piedad de los pecadores. Amén.

HIMNO LITÚRGICO

Oración:
¡OH, SEÑORA MÍA!

¡Oh, Señora mía!
¡Oh, Madre mía!
Yo me ofrezco del todo a Vos;
y en prueba de mi filial afecto,
os consagro en este día
mis ojos, mis oídos,
mi lengua, mi corazón;
en una palabra, todo mi ser.
Ya que soy todo vuestro,
Madre de bondad,
guardadme y defendedme
como cosa y posesión vuestra.
Amén.

OFRECIMIENTO PARA ESTE DÍA

Examinamos cómo es nuestra oración
y, con la ayuda de la Virgen, nos
proponemos mejorar en algo concreto.
(Pausa de silencio).

19. «Y estaba allí la madre de Jesús»

(San Juan 2, 1-11)
En el nombre del Padre...
Hoy vamos a asistir al primer milagro de Jesús: la conversión del agua en vino en las Bodas de Caná, donde estaba también su Madre. Y vamos a ver cómo y por qué se hizo este milagro.

Lectura:

Cerca de Nazaret está Caná, donde se celebraba una boda a la que había sido invitada María y también Jesús y sus discípulos. Como las bodas duraban hasta una semana y eran muchos los invitados, ocurrió que, antes de acabarse la boda, se les acabó el vino.

María, siempre solícita por los demás, fue la primera en darse cuenta. Así que fue a Jesús y le dijo sin más: *No tienen vino.*

¿Le pedía un milagro? Jesús no había hecho aún ningún milagro, pero su Madre sabía muy bien que para Él no había nada imposible, por eso puso las cosas en sus manos y confió en que encontraría una solución.

Jesús le respondió: *Mujer, ¿qué nos va a ti y a mí? Todavía no ha llegado mi hora.*

No sabemos con qué cara y en qué tono se lo dijo, pero se ve que María no lo entendió como una negativa, pues dijo a los sirvientes: *Haced lo que él os diga.*

Había allí seis grandes tinajas de unos 100 litros cada una.

Y les dijo Jesús: *Llenad de agua las tinajas.*

Ellos obedecieron y las llenaron hasta los bordes.

Jesús mandó de nuevo: *Sacad ahora y llevad al maestresala. Así lo hicieron. Y cuando el maestresala probó el agua convertida en vino, ... llamó al esposo y le dijo: Todos sirven primero el mejor vino, y cuando ya han bebido bien, el peor; tú, al contrario, has guardado el vino bueno hasta ahora.*

Así, intercediendo ante su Hijo, María consiguió tan gran favor para aquellos esposos, y –concluye el Evangelista– *en Caná de Galilea hizo Jesús el primero de sus milagros con el que se manifestó su gloria, y sus discípulos creyeron en él.*

Reflexión:
(Hacer una breve pausa después de cada pregunta)

- ¿Procuras meter a la Virgen en todas tus cosas: en tu trabajo, en tus ilusiones, en tus dificultades?
- ¿Expones a Jesús tus necesidades, con esa sencillez y confianza que lo hacía la Virgen, apoyándote en Ella?
- ¿Conoces las necesidades de los que te rodean y haces lo que puedes por resolverlas?

Anécdota
HAY MONOTONÍA CUANDO FALTA AMOR

No creamos que el Rosario en familia es necesariamente algo rutinario. Esas Avemarías que se rezan mientras se hacen algunas tareas domésticas pueden estar animadas de verdadero espíritu de oración. Basta saber qué se dice o, al menos, a quién se dice.
Cierta noche, cuenta Fulton Sheen –que fue Obispo de Nueva York–, vino a verme una joven, y me dijo:
—No quisiera por nada del mundo hacerme católica. Siempre repetís lo mismo cuando rezáis el Rosario. Cuando uno repite lo mismo es prueba de que no es sincero. Yo no daría fe a una persona que me repitiese las mismas palabras. Y Dios tampoco.
Entonces le pregunté quién era aquel joven que le acompañaba.
—Es mi novio –contestó ella.
—¿La quiere a usted?
—Ciertamente que sí.
—¿Cómo lo sabe usted? ¿Cuántas veces se lo ha dicho, una, dos...?
—Me lo repite todos los días y hasta con cierta frecuencia...
Corté el diálogo y le dije:
—Si se repite, no le crea usted; prueba evidente de que no es sincero. No existe repetición cada vez que uno dice «yo te quiero». Y esto se explica porque cada vez coincide con un momento distinto en el tiempo y con un lugar diferente en el espacio.
Aunque la madre repita mil veces a su hijo: «Te quiero con toda mi alma, rey mío», cada vez significa algo distinto, pues su espíritu y su corazón actúan de manera diferente, y cada hecho nuevo revela una nueva señal de afecto.

FRAY A. CORREDOR, *Anécdotas marianas.*

Canción sugerida: Estrella Hermosa.

Oración:
BAJO TU AMPARO

Bajo tu amparo nos acogemos,
Santa Madre de Dios:
no desprecies las súplicas que te dirigimos
en nuestras necesidades;
antes bien, líbranos siempre
de todos los peligros,
Virgen gloriosa y bendita. Amén.

A la Virgen María en Caná

... Testigos son los jóvenes esposos
Que en su fiesta nupcial te convidaron.
Faltábales el vino...
No pudiendo ocultar su sobresalto,
Tú acudes en su ayuda
Y a Jesús le suplicas remediarlos.
—«Mujer, ¿qué nos va en ello?».
Te responde Jesús; mas, por lo bajo
Su corazón te llama
«Madre adorada», y aquel primer milagro
De Caná se debió al materno ruego...
¡Que a su Madre Jesús nada ha negado!

SANTA TERESITA DEL NIÑO JESÚS

OFRECIMIENTO PARA ESTE DÍA

Pensamos un momento de qué andamos más escasos y se lo confiamos a María.
(Pausa de silencio).

20. Una mujer alaba a la Madre de Jesús

(San Lucas 11, 27 y 28; San Mateo 12, 46-50)
En el nombre del Padre...
También nosotros queremos y debemos alabar a la Virgen, porque es la criatura más digna de alabanza y porque es nuestra Madre.

Lectura:

Es Dios mismo quien primero ha alabado a la Virgen y quien nos ha enseñado a alabarla.
Cuando el Ángel le dice *Llena de gracia, bendita entre todas las mujeres,* es Dios quien alaba a la Virgen.
Y cuando Isabel vuelve a llamarle *bendita entre las mujeres,* y le dice *bendito el fruto de tu vientre,* y la aclama *Madre de mi Señor,* es también el Espíritu Santo quien alaba a la Virgen.
Ahora, Jesús ha empezado ya su vida pública, y las gentes le siguen a todas partes, ansiosas de oír sus palabras de vida. Tan maravillados están de su doctrina que, a veces, no pueden contenerse y se les escapan alabanzas que les salen del alma.
Esto es lo que nos refiere San Lucas:
Jesús acaba de predicar, cuando una mujer del pueblo levanta la voz de entre la multitud y exclama:
Bienaventurado el vientre que te llevó y los pechos que te criaron.
Jesús escucha complacido la alabanza a su Madre. Pero, una vez más, es Dios quien nos enseña a alabar a la Virgen, cuando Jesús añade completando la alabanza:
Bienaventurados más bien los que escuchan la palabra de Dios y la guardan.
María es bienaventurada porque ha llevado en su seno al Hijo de Dios, pero lo es más aún porque ha sido la criatura más buena y fiel en el cumplimiento de su Palabra.

Reflexión:

(Hacer una breve pausa después de cada pregunta)

María es el camino más fácil y seguro para llegar a Jesús: A Jesús por María.

- ¿Vas adquiriendo, en este mes de mayo, la costumbre de decir jaculatorias a la Virgen?
- ¿La tratas como si fuera –lo es– una persona viva?
- ¿Hablas con Ella como se habla con una madre que está siempre dispuesta a escucharte?

Anécdota

ASÍ SON LAS MUJERES ANDALUZAS

Hace unos años, un sacerdote me enseñó una carta que acababa de recibir de un matrimonio andaluz, amigo suyo. La mujer, un alma delicada y buena, le ponía unas palabras:

—Un abrazo cariñoso para su madre.

—Esta –me comentó el sacerdote amigo– me manda a mí el abrazo; pero, para que me llegue por el camino mejor, me lo envía a través de mi madre. ¡Las mujeres andaluzas son así!

Y así eran también las mujeres de Palestina, pues San Lucas nos cuenta (11, 27-28) que, en una ocasión, una mujer emocionada por las palabras que acababa de oír de labios del Señor, levantó la voz y le dijo este piropo:

—Dichoso el vientre que te llevó y los pechos que te amamantaron.

La respuesta de Nuestro Señor Jesucristo a aquel piropo encendido -que equivale en el lenguaje andaluz a un ¡Viva tu madre!- fue:

—Más bien dichosos los que escuchan la palabra de Dios y la guardan.

Estas palabras no quitan ningún honor a la Santísima Virgen ni al hecho de su Maternidad física, sino que ponen simplemente el acento donde tiene que estar: la Virgen es dichosa por el hecho de haber acogido espiritualmente en su corazón al Hijo de Dios. Y, porque aceptó libremente el designio divino, mereció engendrarlo según la carne.

I. SEGARRA, *Anéctodas marianas para hacer oración.*

Cantiga

Blanca sois y colorida.
¡Virgen Santa!
En Belén, lugar de amor,
de una rosa nació flor,
¡Virgen Santa!

En Belén, de amor lugar,
nació rosa de un rosal,
¡Virgen Santa!

De la rosa nació flor,
Jesús Nuestro Salvador,
¡Virgen Santa!

Nació rosa del rosal,
Dios y hombre natural,
¡Virgen Santa!

GIL VICENTE

Oración:

BENDITA SEA TU PUREZA

Bendita sea tu pureza
y eternamente lo sea;
pues todo un Dios se recrea
en tan graciosa belleza.
A ti, celestial Princesa,
Virgen sagrada María,
yo te ofrezco en este día
alma, vida y corazón;
mírame con compasión,
no me dejes, Madre mía.

Canción sugerida: Santa María del Camino.

OFRECIMIENTO PARA ESTE DÍA

Recordamos las jaculatorias que hemos rezado a la Virgen y escogemos una para repetírsela durante el día.

(Pausa de silencio).

21. «Tu madre y tus hermanos están fuera y te buscan»

(San Marcos 3, 31-35 y San Lucas 11, 27 y 28)
En el nombre del Padre...
Hoy, Jesús nos habla de su nueva familia y nos dice que a esa familia pertenecemos cuando hacemos la voluntad de su Padre del Cielo.

Lectura:

¿Cómo no iba a buscar María a su Hijo para ofrecerle cualquier atención: algo de comer, aquellos higos dulces, la túnica de repuesto, recién planchada; y, a la vez, para dar alguna libertad a su corazón de Madre que ansiaba siempre ver y estar junto a Jesús? ¿Cómo no iba a seguir a Jesús cuando la necesitaba, si lo hacían las santas mujeres que le atendían con sus bienes?
Pero María no pretende estar en primer plano y, delicadamente, ante la multitud que le rodea, pasa el aviso a su Hijo y le dicen: *Mira, tu madre y tus hermanos están fuera y te buscan.* (Los judíos llaman hermanos a todos los parientes).
Jesús recibe el aviso, se pone en pie y habla ante la multitud que le rodea:
¿Quién es mi madre y quiénes son mis hermanos? Y, extendiendo su mano hacia sus discípulos, dijo: He aquí mi madre y mis hermanos. Pues todo el que haga la voluntad de mi Padre que está en los Cielos, ese es mi hermano y mi hermana y mi madre.
Una vez más, Jesús antepone los vínculos de la gracia a los de la sangre y proclama la supremacía de la nueva familia de los hijos de Dios, formada por los que hacen la Voluntad del Padre de los Cielos. Y es también María la primera que pertenece a esta familia, porque «es la primera» entre aquellos que escuchan la palabra de Dios y la cumplen[1].

San Agustín dirá:
«De poco hubiera servido a María la meternidad corporal, si no hubiese concebido primero a Cristo, de manera más dichosa, en su corazón, y solo después en su cuerpo»[2].

[1] Juan Pablo II, Enc. *Redemptoris Mater,* n. 20.

[2] San Agustín, *Sobre la virginidad.*

Reflexión:

(Hacer una breve pausa después de cada pregunta)

Pertenecemos a la familia de Jesús si hacemos la voluntad divina.

- ¿Deseas cumplir siempre la voluntad de Dios, en lo grande y en lo pequeño, en lo agradable y en lo desagradable?
- ¿Pides a tu Madre Santa María que te enseñe a amar esta Santa Voluntad también en las cosas que te cuesta entender?

Anécdota
JOVEN UNIVERSITARIO

Un joven universitario se sentó en el tren frente a un señor de edad, que devotamente pasaba las cuentas del rosario.
El muchacho, con la arrogancia de los pocos años y la pedantería de la ignorancia, le dice:
—Parece que todavía cree usted en esas antiguallas...
—Así es. ¿Tú no?
—¡Yo! –dice el estudiante lanzando una estrepitosa carcajada–. Créame: tire ese rosario por la ventanilla y aprenda lo que dice la ciencia.
—¿La ciencia? –pregunta el anciano con sorpresa–. No lo entiendo así. ¿Tal vez tú podrías explicármelo?
—Déme su dirección –replica el muchacho, henchido de importancia y en tono protector–. Le mandaré algunos libros que le podrán ilustrar.

El anciano saca de su cartera una tarjeta de visita y se la alarga al estudiante, que lee asombrado: «Louis Pasteur. Instituto de Investigaciones Científicas de París».
Calcúlese el sonrojo del insolente estudiante. Se había ofrecido a instruir en la ciencia al que, descubriendo la vacuna antirrábica, había prestado, precisamente con su ciencia, uno de los mayores servicios a la Humanidad.

María Milagrosa, n. 48.

Oración:
PADRENUESTRO

Padre nuestro, que estás en el cielo,
santificado sea tu Nombre;
venga a nosotros tu reino;
hágase tu voluntad
en la tierra como en el cielo.
Danos hoy nuestro pan de cada día;
perdona nuestras ofensas,
como también nosotros perdonamos
a los que nos ofenden;
no nos dejes caer en la tentación,
y líbranos del mal. Amén.

Canción sugerida: Tomad, Virgen Pura.

OFRECIMIENTO PARA ESTE DÍA

Pensamos en los Mandamientos de la Ley de Dios y de la Iglesia y en todos nuestros deberes, para ver en qué podemos cumplirlos mejor, y hacemos un propósito.
(Pausa de silencio).

22. María acompaña a Jesús en la Pasión

En el nombre del Padre...
María que, salvo en las Bodas de Caná, no estuvo presente a la hora de los grandes milagros, sí lo está acompañando a su Hijo en las horas amargas de la Pasión. Acompañémosla nosotros ahora.

Lectura:

En la Circuncisión contemplábamos a María conmovida al ver al Niño derramar las primeras gotas de sangre.
Pocas semanas después, en la Presentación, oíamos la profecía de Simeón: *Una espada traspasará tu alma.*
En verdad, no hay dolor ni momento difícil en la vida del Hijo, que no vaya acompañado y compartido por la Madre.
En el viaje a Belén y la pobreza del Nacimiento, en la huida a Egipto y el regreso a Nazaret, en el sacrificio escondido y silencioso de la vida oculta, y cuando llega la hora, en los grandes tormentos de la Pasión, en el camino del Calvario y al pie de la Cruz, allí está María, la Corredentora, ayudando a Jesús a redimir a los hombres.
En la cuarta estación del Vía Crucis contemplamos el encuentro de Jesús con su Madre Santísima: «Con inmenso amor mira María a Jesús, y Jesús mira a su Madre; sus ojos se encuentran, y cada corazón vierte en el otro su propio dolor. El alma de María queda anegada en amargura, en la amargura de Jesucristo»[1].
Una vez más, la Madre vuelve a ver derramarse, ahora en abundancia, la Sangre preciosa de su Hijo, que es la suya, y unida en el dolor y en el cumplimiento de la Voluntad del Padre, acompaña a Jesús hasta la Cruz y permanece fiel cuando todos le abandonan.

[1] SAN JOSEMARÍA ESCRIVÁ, *Vía Crucis.*

Anécdota
EL ESCAPULARIO DEL CARMEN

El cardenal Vicente Enrique y Tarancón, cuando era obispo de Solsona, publicó una pastoral sobre el Escapulario del Carmen, dando fe del hecho que a continuación referimos:
«Un oficio recibido de las autoridades solicitaba nuestra cooperación para prestar auxilios espirituales a diez hombres encarcelados. A las once de la noche, los tres sacerdotes que estábamos entonces en Vinaroz entrábamos en comunicación con ellos... Ocho de ellos se confesaron con grandes muestras de arrepentimiento y fervor.

Reflexión:
(Hacer una breve pausa después de cada pregunta)

Jesús quiso tener junto a sí a su Madre en el camino del Calvario. Nosotros la necesitamos.

- ¿Recurres a Ella en tus dudas y dificultades?
- ¿La invocas como Madre Dolorosa pidiéndole fortaleza para seguir a Jesús cuando se presentan el dolor y las penas?

Otro, un hombre culto y educado, a pesar de hallarse en peligro de muerte, se negó a recibir el Sacramento con estas palabras:
—Mire, Padre, yo le agradezco muy sinceramente lo que usted está haciendo por mí. Comprendo que usted está pasando una mala noche por mi causa, ya que usted no ha de sacar ningún provecho de que yo me confiese. Yo le estoy sumamente agradecido, pero le suplico que no insista; desde ahora le puedo asegurar que no he de confesarme. Yo fui educado cristianamente pero he perdido la fe.
Quedé aturdido de momento; casi sin saber qué decir. Pero, inspirado, sin duda, por la Santísima Virgen, me atreví a proponerle:
—¿Me haría usted un favor?
—El que usted quiera –me contestó–, con tal que no me pida que me confiese.
—¿Me permitiría –añadí– que le impusiera el Santo Escapulario?
—No tengo ningún inconveniente –me dijo–. A mí no me dicen nada estas cosas; pero, si con ello he de complacerle, puede hacerlo.
Le impuse acto seguido el Santo Escapulario del Carmen y me retiré enseguida a orar por él a la Virgen Santísima. Él fue a sentarse en un rincón, al extremo de uno de los bancos que había en aquella sala. Aún no habían pasado cinco minutos, cuando oí como una especie de rugido y unos sollozos fuertes y entrecortados que me alarmaron. Entré de nuevo en la habitación y vi a aquel hombre que se me echaba encima llorando inconsolablemente y que me decía, en medio de sus lágrimas:
—Quiero confesarme, quiero confesarme. No merezco esta gracia de Dios. La Virgen me ha salvado.
Ante la admiración y el asombro de todos los presentes, se confesó, sin dejar de derramar lágrimas ni un solo momento, con una contrición realmente extraordinaria y enternecedora. Y, cuando a última hora me despedí de ellos, me abrazó y me besó, mientras me decía:
—Gracias, Padre; gracias por el bien inmenso que me ha hecho. En el cielo rogaré por usted. Gracias y hasta el cielo».

Oración:
ACORDAOS

Acordaos, oh piadosísima Virgen María,
que jamás se ha oído decir
que ninguno de los que han acudido
a vuestra protección,
implorando vuestra asistencia
y reclamando vuestro auxilio,
haya sido abandonado de Vos.
Animado con esta confianza,
a Vos también acudo,
¡oh Virgen Madre de las vírgenes!;
y gimiendo bajo el peso de mis pecados,
me atrevo a comparecer
ante vuestra presencia soberana.
¡Oh Madre de Dios!, no despreciéis
mis súplicas;
antes bien, escuchadlas
y acogedlas benignamente. Amén.

Canción sugerida: Madre Inmaculada.

OFRECIMIENTO PARA ESTE DÍA

Recordamos las cosas de nuestra vida que hayan sido causa de dolor para Jesús y María, y les pedimos perdón.
(Pausa de silencio).

23. María, al pie de la Cruz

(San Juan 19, 25-27)
En el nombre del Padre...
Hoy vamos a contemplar a María al pie de la Cruz y vamos a escuchar las palabras de Jesús que, puesto a darlo todo, nos va a dar también a su Madre.

Lectura:

Ya han clavado a Jesús en el madero. Ya nos ha dado casi todo lo que tenía: el ejemplo de su vida, el fruto de sus dolores, el divino Tesoro de la Eucaristía, su perdón y la esperanza del paraíso... y, muy pronto, hasta la última gota de su Sangre redentora.
Pero aún le queda la Joya más querida que también va a entregarnos antes de morir:
Junto a la Cruz de Jesús está su Madre, con las Santas Mujeres, y Juan, el discípulo amado.
Y dice Jesús a su Madre:
—Mujer, ahí tienes a tu hijo.
Luego dice al discípulo:
—Ahí tienes a tu madre.
De este modo, Jesús nos da a su Madre como Madre nuestra, poco antes de morir.
Se ha cumplido la profecía de Simeón: *Una espada traspasará tu alma.*
El Sí de la Anunciación se ha mantenido hasta el final.
La Virgen Santa ha aceptado el sacrificio de su Hijo Divino, para que le nacieran otros muchos hijos.
En su Corazón de Madre cabemos ya todos los hombres.
Tú también.
Y desde entonces María cumple a la perfección su misión de Madre con cada uno de nosotros:
Te sigue a todas partes, no te pierde de vista ni te olvida; te ofrece su sonrisa y su ternura, te conoce y te quiere y te sueña más que la mejor de las madres;

y está siempre dispuesta a ayudarte, a defenderte, a perdonarte y a dar por ti su vida. Ha dado mucho más: La de su Hijo Divino. ¡Tanto le hemos costado! ¡Cómo no va a querernos! ¡Cómo no va a cuidar de cada uno de nosotros!

Reflexión:

(Hacer una breve pausa después de cada pregunta)

- ¿Me doy cuenta de que Jesús ha muerto en la cruz por mis pecados?
- ¿Procuro consolar a la Virgen preparándome para hacer una buena confesión, fomentando el dolor de mis pecados y un arrepentimiento sincero?

Anécdota

TESTIMONIO DE SANGRE

La Plaza de San Pedro reverbera de luz dorada, que hace brillar las antiguas piedras de la columnata. Una multitud de 20.000 personas se agolpa para ver al Papa, que pasa en su coche blanco hacia el lugar preparado para la audiencia general de los miércoles.
Levantan a los niños para que el Papa los bendiga. Una niña rubia con un globo azul le ofrece sus manitas, y el Santo Padre la levanta sonriente, y la deja luego con cuidado en brazos de su padre.
De pronto, varias detonaciones rasgan el aire caliente. Las palomas de la Plaza de San Pedro levantan el vuelo. Juan Pablo II se lleva las manos al abdomen, y se dobla sobre sí mismo lentamente, mientras sus labios musitan una oración.
La multitud queda pasmada de espanto y se escucha en la Plaza como un gemido. El jeep parte rápidamente hacia la ambulancia situada en una esquina de la Plaza. Eran las 17 horas y 19 minutos del día 13 de mayo de 1981, fiesta de Nuestra Señora de Fátima. ¿Quién puede olvidarlo?
El Secretario del Papa, don Estanislao, le sostenía para que no cayera. El Santo Padre, con los ojos cerrados y expresión apacible, aún consciente, sufría mucho y repetía ¡María, Madre mía! ¡María, Madre mía! Era una profunda plegaria nacida de un gran sufrimiento. El trayecto hasta el Hospital Gemelli, que de ordinario requiere media hora, se hizo en ocho minutos.

«Una mano disparó y otra guió la bala»
El Papa fue consciente hasta el hospital, y al llegar perdió el conocimiento. Después contaría que siempre pensó que se salvaría. Y añadía: Una mano disparó y otra guió la bala.
Entretanto, en la Plaza, un grupo de peregrinos polacos colocó una imagen de la Virgen de Czestochowa en el sillón reservado al Papa. El cuadro tenía esta leyenda: «Nuestra Señora proteja al Santo Padre del mal».

M. Álvarez, M. Velasco, P. de la Herrán, *Juan Pablo II hacia el año 2000,* p. 181.

Oración:

EL AVEMARÍA

Dios te salve, María,
llena eres de gracia.
El Señor es contigo,
bendita Tú eres
entre todas las mujeres,
y bendito es el fruto
de tu vientre, Jesús.
Santa María, Madre de Dios,
ruega por nosotros
pecadores,
ahora y en la hora
de nuestra muerte.
Amén.

Canción sugerida: Salve, Madre.

OFRECIMIENTO PARA ESTE DÍA

Examinamos nuestra conciencia para descubrir qué cosas hay en nuestro corazón que desagraden a Dios y hacemos el propósito de hacer una buena confesión.
(Pausa de silencio).

24. Jesús resucitado se aparece a su madre

En el nombre del Padre...
María, la primera en tantas cosas, la primera en el dolor, es también ahora la primera en ver a Jesús resucitado.

Lectura:

Al tercer día de su muerte como estaba anunciado, el domingo al amanecer, Jesús resucitó.
Se apareció a María Magdalena y a los Apóstoles en varias ocasiones, pero, antes que a todos, a su Madre, que esperaba ardientemente el momento de ver a su Hijo resucitado.
Los Evangelios no nos hablan de la aparición de Jesús resucitado a su Madre. Pero una tradición muy antigua de la Iglesia nos ha transmitido que Jesús se apareció en primer lugar y a solas a su Madre.
¿Cómo fue esta aparición y cuál sería la alegría de la Virgen después de tanto dolor?
Fray Luis de Granada la describe así:
«No sale tan hermoso el lucero de la mañana, como resplandeció en los ojos de la Madre aquella cara llena de gracias y aquel espejo sin mancilla de la gloria divina. Ve el cuerpo del Hijo resucitado y glorioso, despedidas ya todas las fealdades pasadas, vuelta la gracia de aquellos ojos divinos y resucitada y acrecentada su primera hermosura. Las aberturas de las llagas, que eran para la Madre como cuchillos de dolor, verlas hechas fuentes de amor; al que vio penar entre ladrones, verle acompañado de ángeles y santos; al que tuvo muerto en sus brazos, verle ahora resucitado ante sus ojos»[1].
Nosotros nos unimos a tanta alegría y felicitamos a la Virgen:
«Alégrate, Reina del Cielo,

¡aleluya!, porque Aquel a quien mereciste llevar en tu seno ha resucitado según se predijo. ¡Aleluya!».

[1]FRAY LUIS DE GRANADA, *Libro de oración y meditación.*

Reflexión:

(Hacer una breve pausa después de cada pregunta)

La alegría es estar con Jesús, la tristeza es perderle. Y a Jesús se va y se vuelve por María.

- ¿Procuras fomentar siempre la alegría propia de un hijo de Dios?
- ¿Acudes a la Virgen con confianza de hijo, para vencer las tentaciones? ¿Para rechazar la tristeza?

Efectivamente, el Papa Gregorio XIII, en la bula «Monet Apostolus» (1573), declaraba fiesta el 7 de octubre, explicando que el mismo día de la batalla –7 de octubre de 1571– las cofradías del Rosario del mundo entero salieron en procesión a pedir a la Virgen la victoria contra los turcos que amenazaban seriamente a toda la cristiandad, y Don Juan de Austria, en cumplimiento del voto que había hecho, fue en peregrinación a Loreto con 10.000 cristianos liberados del cautiverio de los mahometanos, que dejaron allí sus cadenas.

Relato del mariólogo Laurentino Mª Herrán.

Anécdota

LEPANTO Y EL ROSARIO

Al ir a celebrar la Santa Misa en un santuario mariano, entré en la sacristía. Toda una pared estaba ocupada por un fresco de la batalla de Lepanto. El sacristán, al ver que me interesaba la pintura, me preguntó:
—¿Sabe usted qué es esto?
—¡Cómo no! La batalla de Lepanto.
—¿Y usted sabe quién y por qué ganaron la batalla?
—La flota aliada, al frente de la cual iba Don Juan de Austria.
—Pero ¿por qué la ganaron? Porque ahora algunos de ustedes dicen que por la superioridad estratégica de la flota cristiana. ¡Fue por el Rosario!
—Hombre, veo que eres devoto del Rosario. ¿Cuántos rezas al día?
—Nueve, el día que menos.
Me preparó los ornamentos para celebrar, me ayudó con devoción, y fue aquella lección del sacristán un refuerzo para mi costumbre de rezar el Rosario.

Oración:

REINA DEL CIELO

— Reina del cielo, alégrate. ¡Aleluya!
— Porque Aquel que llevaste dentro de Ti. ¡Aleluya!
— Ha resucitado, según dijo. ¡Aleluya!
— Ruega a Dios por nosotros. ¡Aleluya!
— Gózate y alégrate, Virgen María. ¡Aleluya!
— Porque verdaderamente ha resucitado el Señor. ¡Aleluya!
Oremos: Oh, Dios, que por la resurrección de tu Hijo, Nuestro Señor Jesucristo, has llenado el mundo de alegría, te pedimos que por medio de tu Madre, la Virgen María, alcancemos el gozo de la vida eterna. Por Jesucristo, Nuestro Señor. Amén.

Canción sugerida: Estrella hermosa.

OFRECIMIENTO PARA ESTE DÍA

Nos proponemos acudir a la Virgen cuando se presente la primera tentación de tristeza y pensamos ahora una jaculatoria para decírsela en ese momento.
(Pausa de silencio).

25. Pentecostés: María y los Apóstoles reciben al Espíritu Santo

(Hechos 1, 14 y 2, 1-5 y San Juan 14, 16)
En el nombre del Padre...
Hoy asistimos al nacimiento de la Iglesia, por obra del Espíritu Santo, en el Cenáculo de Jerusalén. Y, naturalmente, allí estaba María, Madre de la Iglesia, y sus primeros hijos, los Apóstoles.

Lectura:

Después de la Ascensión y antes de Pentecostés, *los Apóstoles se reunieron con María, la Madre de Jesús, y algunas mujeres y perseveraban en la oración,* esperando el cumplimiento de la promesa de Jesús:
Yo rogaré al Padre, y os dará otro Paráclito, otro Consolador, para que esté siempre con vosotros.
A la Virgen, estas palabras de Jesús le recordarían aquellas otras que le dijera el Ángel:
El Espíritu Santo descenderá sobre ti...
Entonces, María oraba, el Espíritu Santo la envolvió con su sombra, y nació Jesús.
Ahora, María ora también con los Apóstoles, desciende el Espíritu Santo, y nace la Iglesia.
Al cumplirse el día de Pentecostés, estaban todos juntos en un mismo lugar y de repente sobrevino del cielo un ruido como de viento impetuoso que llenó toda la casa donde se encontraban. Al mismo tiempo, unas lenguas de fuego se repartieron y se posaron sobre cada uno de ellos. Y quedaron todos llenos del Espíritu Santo.
A partir de este momento, ha

nacido la Iglesia y a la Iglesia le ha nacido una Madre: Los Apóstoles, con Pedro a la cabeza y unidos a María por la fuerza del Espíritu Santo, empiezan a actuar y a cumplir su misión de ir por el mundo predicando el Evangelio a todos los hombres, como Jesús les ha mandado.

Reflexión:

(Hacer una breve pausa después de cada pregunta)

La Madre de Jesús, perseverando en la oración con los Apóstoles, alcanzó para la naciente Iglesia el don del Espíritu Santo.

- ¿Recurres a la Virgen para alcanzar de Dios los dones de la justicia, el amor y la paz, entre todos los hombres?
- ¿Rezas cada día por el Papa, los Obispos, los sacerdotes y todos los fieles, y por los que aún no conocen ni aman a Jesucristo?

Anécdota
EL PASTOR Y LA NIÑA

Hallábase accidentalmente una niña católica en casa de una familia protestante cuando entró en ella un protestante, el cual, al enterarse de que la rapaza era católica, le preguntó:

—¿Sabes rezar...?

Y, para demostrárselo, comenzó a recitar el Padrenuestro...

—Bien, muy bien –le dijo el «pastor» cuando la niña hubo terminado la oración dominical. Mas la niña, acostumbrada a añadir al Padrenuestro el Avemaría, continuó recitando esta oración mariana...

—¡Eso, no...! –le interrumpió el «pastor»...

Obedeció la niña y comenzó a recitar también el Credo de los apóstoles... mas, al llegar a las palabras «fue concebido por obra del Espíritu Santo y nació de Santa María Virgen», se interrumpió de súbito y dijo:

—¿Tampoco el Credo se puede rezar...? Porque aquí volvemos a encontrar a la Virgen María...

De momento guardó silencio el pastor protestante; pero no cayó en saco roto la observación de la niña, sino que reforzó las reflexiones que reiteradamente le habían hecho personas más doctas de la Iglesia católica. No mucho tiempo después, se convirtió al catolicismo.

El Eco de la Milagrosa, Cartagena.

Canción sugerida: Lucero del alba.

Oración:
El GLORIA

Gloria al Padre y al Hijo y al Espíritu Santo.
Como era en el principio, ahora y siempre,
por los siglos de los siglos. Amén.

De la Cantiga de loores de Santa María

Quiero seguir
a ti, ¡flor de las flores!,
siempre dezir
cantar, de tus loores;
non me partir
de te servir
¡mejor de las mejores!...

Nunca fallece
la tu mercet cumplida,
siempre guarece
de coitas e da vida,
nunca perece
nin entristece
quien a ti non olvida.

ARCIPRESTE DE HITA (s. XIV)

OFRECIMIENTO PARA ESTE DÍA

Pidamos a la Virgen que cada uno de nosotros podamos decir de verdad y con obras: Amo a mi Madre, la Iglesia Santa.
(Pausa de silencio).

26. La Asunción: María es elevada al cielo

En el nombre del Padre...
Contemplamos hoy la Asunción de Nuestra Señora, en cuerpo y alma a los cielos. Esta fiesta la celebramos el 15 de agosto y es una de las mayores fiestas en honor de la Virgen.

Lectura:

Era un día de cielo sin nubes, 1 de noviembre de 1950, cuando el Sumo Pontífice Pío XII proclamaba al mundo esta verdad de fe, siempre creída por la Iglesia: «Para gloria de Dios omnipotente, para honor de su Hijo, Rey inmortal de los siglos, para aumento de gloria de la misma augusta Madre y gozo de toda la Iglesia; por la autoridad de Nuestro Señor Jesucristo, de los Santos Apóstoles Pedro y Pablo y nuestra, definimos ser dogma divinamente revelado:
Que la Inmaculada Madre de Dios, siempre Virgen María, cumplido el curso de su vida terrestre, fue asunta en cuerpo y alma a la gloria celestial».
María ha sido llevada por Dios, en cuerpo y alma, a los cielos.
Los Ángeles se alegran y asombrados contemplan cómo la Trinidad Beatísima recibe y colma de honores a la Hija, Madre y Esposa de Dios[1].
Es la mayor exaltación que jamás haya recibido criatura alguna.
Nosotros nos alegramos con los Ángeles y a la vez nos preguntamos: ¿Por qué tanta exaltación a la que solo quiso ser la esclava del Señor?
Precisamente por eso:
Ella ha recorrido con su Hijo el camino de la Cruz, hasta el final.
Ahora, Jesús glorificado quiere que siga unida a Él y participe en su triunfo.
Es Él quien nos ha dicho: *Todo el que se humilla será ensalzado.*

[1]Cfr. San Josemaría Escrivá, *Santo Rosario.*

Reflexión:

(Hacer una breve pausa después de cada pregunta)

La Asunción es el triunfo completo de Dios sobre el demonio, en la vida de la Virgen: El cumplimiento de la promesa de Dios en el paraíso: «Ella te aplastará la cabeza».
Ahora solo falta que tú, con Ella, hagas tuyo ese triunfo en tu vida.

- ¿Imitas a la Virgen en su humildad?
- ¿Cuentas con Ella para luchar y vencer las tentaciones?
- ¿Te alegras con su victoria sobre el pecado?

Anécdota

EL PAISAJE DE TORRECIUDAD

De todas las fotos que he visto del santuario de Nuestra Señora de Torreciudad, la que más me gusta es una en la que se ve, en primer plano, el agua azul purísima del pantano de El Grado; la ermita y el santuario, en segundo plano; y, al fondo, la cordillera del Pirineo con todos los picos nevados.
Aquella nieve purísima de la altura, lo más cerca del cielo que se ve, está también presente en el pantano –se trata de agua de

deshielo– y en los campos de Aragón –dando vida, verdor y frutos, mediante el riego de la misma agua canalizada–.
María, «alba ut nix» -blanca como la nieve-, está más cerca de Dios que nadie: ha entrado de algún modo en la misma vida íntima de la Santísima Trinidad. Pero su papel de intercesora y Madre de todos los hombres la coloca también más cerca de cada uno de nosotros que nadie: nos conoce muy bien a cada uno de nosotros, nos sigue de cerca, nos ayuda, intercede por nosotros ante Dios.

Asunción

Al cielo os vais, Señora,
allá os reciben con alegre canto;
¡oh, quién pudiera agora
asirse a vuestro manto
para subir con Vos, al monte santo!

De ángeles sois llevada
de quien servida sois desde la cuna,
de estrellas coronada,
cual Reina habrá ninguna
pues por chapín lleváis la blanca luna.

Volved los blandos ojos,
ave preciosa, sola, humilde y nueva,
al val de los abrojos
que tales flores lleva,
do suspirando están las hijas de Eva.

Que si con clara vista
miráis las tristes almas de este suelo
con propiedad no vista
las subiréis de vuelo,
como perfecta piedra imán al cielo.

FRAY LUIS DE LEÓN (s. XVI).

Canción sugerida: Salve, Madre.

Oración:

SALVE, REINA DE LOS CIELOS

Salve, Reina de los cielos. Salve, Señor de los Ángeles. Salve, raíz: salve, puerta de la cual nació la Luz para el mundo. Gózate, Virgen gloriosa, más hermosa que ninguna. Salve, bellísima. Y ruega a Cristo por nosotros.

OFRECIMIENTO PARA ESTE DÍA

Pensamos en una oración o jaculatoria para felicitar hoy a la Virgen como Reina y Señora de los cielos.
(Pausa de silencio).

27. Santa María, Madre de la Iglesia

En el nombre del Padre...
Hoy vamos a considerar cómo la Santísima Virgen, Madre de Dios y Madre nuestra, es también Madre de la Iglesia.

Lectura:

San Pablo llama a la Iglesia *Cuerpo de Cristo;* del cual, Cristo es la Cabeza y los cristianos, sus miembros.

San Agustín llama a la Iglesia *el Cristo total,* incluyendo la Cabeza y todos sus miembros, de los cuales el más excelente es la Virgen Madre de Dios.

Conforme a esta doctrina, cuando María en la Anunciación acepta ser Madre de Jesús, de la Cabeza, acepta también ser Madre de todo el Cuerpo.

Esta Maternidad se consuma después en el Calvario, cuando Jesús nos entrega a su Madre y Ella nos acepta en San Juan como hijos suyos. Y el día de Pentecostés, cuando implora y alcanza sobre los Apóstoles el don del Espíritu Santo.

Siempre se ha vivido en la Iglesia esta creencia, pero han sido los últimos Pontífices quienes la han puesto de relieve exhortándonos a honrar a María con el dulcísimo título de Madre de la Iglesia, e incluyendo esta invocación en las letanías del Santo Rosario, después de la invocación Madre de Cristo[1].

Ahora, la Virgen, desde el Cielo, ejerce su Maternidad espiritual cuidando de cada uno de nosotros con el mismo amor materno que lo hiciera de Jesús en la tierra, porque somos y nos ve como miembros de su Hijo Jesucristo.

Y para poder socorrernos en todas las necesidades, el Hijo ha puesto en las manos de la Madre el tesoro de todas las gracias que Él nos ha ganado. De modo que no hay auxilio divino que llegue a nosotros sino a través de María, Mediadora de todas las gracias.

[1] Cfr. PABLO VI, *Credo del Pueblo de Dios.* JUAN PABLO II, Enc. *Redemptoris Mater,* n. 24.

Reflexión:

(Hacer una breve pausa después de cada pregunta)

María, Madre de la Iglesia, es también la Madre de cada uno de los cristianos.

- ¿Tienes a la Virgen por Madre tuya?
- ¿La tratas con confianza filial?
- ¿Procuras darle alegrías haciendo lo que a Ella le agrada y evitando lo que le disgusta?

Oración:
DULCE MADRE

Dulce Madre, no te alejes,
tu vista de mí no apartes,
ven conmigo a todas partes
y solo nunca me dejes;
ya que Tú me quieres tanto
como verdadera Madre,
haz que me bendigan el Padre,
el Hijo y el Espíritu Santo. Amén.

Anécdota
LA PLAZA INACABADA

Hay un lugar en el mundo –una plaza magnífica por su arquitectura y por las multitudes que acuden a congregarse en ella– que es la Plaza de San Pedro en Roma. Pero esta plaza ha estado «inacabada» durante siglos. ¿Qué le faltaba? Una imagen de la Santísima Virgen.

Para colocar esa imagen, Dios se sirvió de la piedad de un joven universitario español y de la espontaneidad y libertad de espíritu de un Papa joven, que ama con locura a la Madre de Dios. La cosa fue así: el joven recorría con la mirada las estatuas y las imágenes de la Plaza de San Pedro, el 30 de marzo de 1980; y comentó a los amigos con los que había acudido al Congreso Universitario Internacional: «¡Falta la Virgen!; si tengo oportunidad, se lo digo al Papa». Cuando Juan Pablo II les recibió en audiencia, el día 1 de abril, el joven dijo al Papa: «Santo Padre, en la Plaza de San Pedro no está la Virgen, no está la Madonna...». Juan Pablo II meditó un momento y respondió en pausado castellano: «La Plaza no está completa... Habrá que terminarla, habrá que terminarla...».

Y el 8 de diciembre de 1981, tras el rezo del Ángelus, el Papa bendecía el mosaico dedicado a la Virgen, Madre de la Iglesia.

A nuestra Señora

¿A quién debo yo llamar
vida mía,
sino a ti, Virgen María?

1. Todos te deben servir,
virgen y madre de Dios,
que siempre ruegas por nos
y tú nos haces vivir.
Nunca me verás decir
vida mía,
sino a ti, Virgen María.

2. Duélete, Virgen, de mí,
mira bien nuestro dolor,
que este mundo pecador
no puede vivir sin ti.
No llamo desque nací
vida mía,
sino a ti, Virgen María.

JUAN DEL ENCINA (s. XV)

Canción sugerida: Ruega por nosotros,

OFRECIMIENTO PARA ESTE DÍA

Pensamos en algo que la Virgen espera
de nosotros y le daría mucha alegría
si lo hacemos o lo evitamos,
y se lo ofrecemos.
(Pausa de silencio).

28. María, refugio de pecadores

En el nombre del Padre...
Hoy meditamos esta consoladora verdad: El remedio a todos nuestros males, tropiezos y caídas está en acudir a la Virgen, porque Ella es Refugio de los pecadores.

Lectura:

La Virgen es nuestra Madre y Madre de misericordia.
Misericordioso es aquel que del tesoro de su corazón da al que está en la miseria.
Dios es misericordioso porque nos da su Amor, que es el mayor tesoro, y nos perdona cuando estamos en la mayor miseria, que es el pecado.
La Virgen es también misericordiosa, pues derrama los tesoros de la gracia de que está llena, sobre sus hijos necesitados.
Así es el corazón de una madre: Ama más al hijo más pequeño, al más débil, al más enfermo, al más corto, al más necesitado, y no digo al más malo, porque para las madres no hay hijos malos, solo tienen ojos para ver las cosas buenas de sus hijos.
Si así nos quiere la Virgen, ¿qué nos podrá apartar de su cariño?
Alguien, con gran experiencia del amor materno, ha escrito:
«Si yo fuera leproso, mi madre me abrazaría. Sin miedo ni reparo alguno, me besaría las llagas.
—Pues, ¿y la Virgen Santísima? Al sentir que tenemos lepra, que estamos llagados, hemos de gritar: ¡Madre! Y la protección de nuestra Madre es como un beso en las heridas, que nos alcanza la curación»[1].
Nuestras miserias, por muchas y grandes que sean, no deben llevarnos nunca a desconfiar de la misericordia divina. Ella es siempre más grande y el Señor está dispuesto a perdonarnos si acudimos a Él a través de su Madre.

[1] San Josemaría Escrivá, *Forja,* n. 190.

Reflexión:

(Hacer una breve pausa después de cada pregunta)

La Virgen es Madre de misericordia.

- ¿Has puesto en Ella toda tu confianza?
- ¿Procuro ser paciente y misericordioso en mis relaciones con los demás?
- ¿Ante mis patentes miserias busco el remedio en el amor misericordioso de mi Madre del Cielo?

A la Virgen de los Dolores

No al sol la nube afea si la encubre,
ni del alba el llorar quita a las flores
sus hermosos, vivísimos colores,
antes más agradables los descubre;

las lluvias, más frecuentes en octubre,
aumentan en el prado los verdores;
con ellas el jazmín crece en candores
y la rosa de púrpura se cubre:

Tal, oh Virgen bellísima, tu llanto,
como el tierno rocío de la aurora,
muestra solo el dolor, muestra el
quebranto;

pero así como el alba cuando llora
es de los ojos peregrino encanto,
así el llorar, en Ti, más enamora.

P. Ambrosio Larrea

Canción sugerida: Oh María, Madre mía.

Anécdota
UNA ACERTADA OCURRENCIA

En la representación de la Pasión de Nuestro Señor Jesucristo que se hace en Oberamengau, un pueblo de Alemania donde la gente escenifica los misterios de la muerte de Cristo, uno de los personajes dramáticos principales es Judas, el apóstol traidor. La escena de su remordimiento y desesperación constituye uno de los momentos culminantes del drama.

—¿Adónde podré ir? ¡Todo está perdido! -dice Judas–, mientras se aleja desesperado para ir a suicidarse colgándose de un árbol.

De pronto, un día, en el silencio de la sala, se oyó la vocecita de una niña que se dirigía a su madre, sentada a su lado, diciéndole:

—Mamá, y ¿por qué no va a buscar a Nuestra Señora?

Oración:
ACORDAOS

Acordaos, oh piadosísima Virgen María,
que jamás se ha oído decir
que ninguno de los que han acudido
a vuestra protección,
implorando vuestra asistencia
y reclamando vuestro auxilio,
haya sido abandonado de Vos.
Animado con esta confianza,
a vos también acudo,
¡oh Virgen Madre de las vírgenes!;
y gimiendo bajo el peso de mis pecados,
me atrevo a comparecer
ante vuestra presencia soberana.
¡Oh Madre de Dios!, no despreciéis
mis súplicas;
antes bien, escuchadlas
y acogedlas benignamente.
Amén.

OFRECIMIENTO PARA ESTE DÍA

Pienso en alguna necesidad material
o espiritual que me preocupe y la pongo
en manos de la Virgen.
(Pausa de silencio).

29. Miradas a la imagen de la Virgen

En el nombre del Padre...
Hoy vamos a ver qué importantes son las imágenes de la Virgen. Ellas nos ayudan a tratar a nuestra Madre del Cielo y a sentirnos más cerca de Ella.

Lectura:

No sabemos cómo eran los ojos de la Virgen. Si eran negros, azules o verdes. Lo que sí sabemos es que eran –y son– los más bonitos que se han visto jamás, porque los ojos son el espejo del alma, y el alma de María está llena de gracia.
Tampoco importa el color, lo importante es que esos ojos nos miran con inmenso cariño, con dulzura, con misericordia, y que nos miran siempre.
Pues ya lo sabemos:
Los ojos de la Virgen son misericordiosos.
Cuando los pastorcillos de Fátima vieron el rostro de la Santísima Virgen, ya no podían olvidarla y repetían muchas veces: ¡Oh, la bella Señora!
Lo mismo le ocurrió a Bernardita, cerca de Lourdes. Cuenta que la Virgen era tan hermosa, que era imposible describirla y mucho más reproducirla.
Cuando más tarde el escultor de la gruta preguntó a Bernardita si su obra, la imagen, se parecía a la Virgen, la niña respondió con gran sencillez: ¡Oh, no, señor, no se parece en nada! ¡Ella es mucho más hermosa!
Es verdad, las imágenes, por bellas que sean, se parecen muy poco a la Virgen. Pero cuando nosotros miramos con cariño sus imágenes, el corazón se despierta a quererla y Ella, desde el Cielo, nos mira, nos sonríe y nos bendice.

Oración:

LA SALVE

Dios te salve, Reina, Madre de misericordia,
vida, dulzura y esperanza nuestra;
Dios te salve.

A Ti clamamos los desterrados hijos de Eva;
a Ti suspiramos gimiendo y llorando,
en este valle de lágrimas.

Ea, pues, Señora, abogada nuestra, vuelve
a nosotros esos tus ojos misericordiosos;
y después de este destierro muéstranos a Jesús,
fruto bendito de tu vientre.

¡Oh clementísima, oh piadosa,
oh dulce siempre Virgen María!

Ruega por nosotros, Santa Madre de Dios,
para que seamos dignos de alcanzar las promesas
de nuestro Señor Jesucristo. Amén.

Reflexión:

(Hacer una breve pausa después de cada pregunta)

Si tú la miras, Ella te mira.

- ¿Sueles mirar con cariño las imágenes de la Virgen?
- ¿Acompañas esas miradas con una jaculatoria cariñosa?
- ¿Tienes una imagen de la Virgen en tu habitación?

Madre de Jesús y Madre mía, alcánzame la gracia de aprender a mirarte con el cariño y devoción con que te miraba Jesús, como Tú le mirabas a Él.

Anécdota
LA SONRISA DE LA VIRGEN

El conde Bruissard, que se hallaba en Cauterets cuando comenzaron a propagarse los rumores acerca de las apariciones de Lourdes, cuenta lo siguiente:
«Yo vivía encerrado en mi incredulidad porque andaba extraviado. Leí en un periódico que la Virgen había sonreído a Bernardita y fui a Lourdes con ánimo de poner una trampa a la muchacha y cogerla en flagrante delito de mentira. Entré en la casa de los Soubirous y hallé a la niña remendando unos calcetines.
—Bien –le dije–, ¿cómo te sonreía tu Señora?
—¡Oh, señor! Para reproducir aquella sonrisa hay que ser del cielo –respondió la pastorcilla.
—Haz la prueba. Yo soy un incrédulo.
A estas palabras se oscureció el rostro de la doncella.
—Pues vos sois un pecador, repetiré la sonrisa de la Virgen.
Y se levantó despacio, cruzó los brazos ante el pecho y esbozó una sonrisa tan única y celestial cual no he visto nunca dibujada en labios humanos. Allí quedé inmóvil, persuadido de haber visto sonreír a la Virgen en el rostro de la pequeña vidente. Desde entonces, aquella sonrisa me acompaña; y ha llegado a hacerme un perfecto creyente».

I. SEGARRA, *Anécdotas marianas para hacer oración.*

Canción sugerida: Ruega por nosotros,

OFRECIMIENTO PARA ESTE DÍA

Pensamos en algún piropo que le vamos a decir a la Virgen en el día de hoy cuando miremos algunas de sus imágenes en el colegio o en nuestra habitación.

(Pausa de silencio).

30. Lourdes: «Yo soy la Inmaculada Concepción»

En el nombre del Padre...
El 11 de febrero de 1858, la Santísima Virgen se apareció en Lourdes a Bernardita.
A las preguntas de la niña, la Virgen respondió:
«Yo soy la Inmaculada Concepción».

Lectura:

El 14 de agosto del Año Jubilar de la Redención, 1983, un Papa visitaba por primera vez el Santuario de Ntra. Sra. de Lourdes.

Hacía 125 años que en este lugar del sur de Francia, en la gruta de Massabielle, la Santísima Virgen se apareció a una niña, Bernardita Soubirous, para darle un mensaje.

«Vi –nos dice Bernardita– una Señora vestida de blanco, ceñida con franja azul, con una rosa amarilla sobre cada pie y un rosario del mismo color... Quise hacer la señal de la cruz en mi frente pero no pude hasta que Ella la hizo primero. Empecé a rezar el Rosario y la Señora pasaba las cuentas, sin mover los labios.

Me mandó beber agua de la fuente... decir a los sacerdotes que le edificaran allí una casa, rezar por los pecadores...

Varias veces le pregunté quién era, pero Ella solo me sonreía. Finalmente, elevando los brazos y los ojos al cielo, me dijo: Yo soy la Inmaculada Concepción».

Era el mismo hermoso nombre con que la Iglesia, solo cuatro años antes, había definido este dogma.

Juan Pablo II fue de romería

a Lourdes como un peregrino más, para arrodillarse en la gruta y pedir a la Virgen, en aquel Año Santo, «que Ella sea para cada uno de los hombres el camino que lleva a su Hijo divino».

Y para recordarnos el mensaje de Lourdes: mensaje de oración, conversión y caridad, especialmente con los enfermos y necesitados.

Reflexión:

(Hacer una breve pausa después de cada pregunta)

- Ante tus enfermedades del cuerpo y del alma, ¿acudes con confianza de hijo pequeño a tu Madre del Cielo?
- ¿La invocas como Salud de los enfermos y Consoladora de los afligidos?
- ¿La imitas visitando a los más necesitados: enfermos, pobres, ancianos, niños, para prestarles algún servicio o llevarles algún consuelo?

Oración:

BAJO TU AMPARO

Bajo tu amparo nos acogemos,
Santa Madre de Dios:
no desprecies las súplicas que te dirigimos
en nuestras necesidades;
antes bien, líbranos siempre
de todos los peligros,
Virgen gloriosa y bendita. Amén.

Anécdota

SE LO DIRÉ A TU MADRE

Una madre lleva a su hijo de diez años, paralítico, a Lourdes. Por el camino le repite muchas veces que todo lo que se pide a Jesús por mediación de su Madre nunca es negado.

Llegan a Lourdes y asisten por la tarde a la Bendición a los enfermos con el Santísimo Sacramento. Al pasar el sacerdote impartiéndole la bendición, el niño dice a Jesús:

—Si no me curas, se lo diré a tu Madre.

Estas palabras conmueven al sacerdote, el cual, cuando ha terminado la bendición, vuelve a pasar por delante del niño y le da otra vez la bendición con el Santísimo, y de nuevo dice el niño a Jesús en voz alta:

—Si no me curas, se lo diré a tu Madre.

Al instante queda curado el niño.

I. SEGARRA, *Anécdotas marianas para hacer oración.*

Canción sugerida: Ave de Lourdes.

OFRECIMIENTO PARA ESTE DÍA

Pensamos en alguna persona, especialmente necesitada, a quien nosotros podemos ayudar y hacemos esta intención, ofreciéndolo a la Virgen.

(Pausa de silencio).

31. La Virgen de Fátima

En el nombre del Padre...
Terminamos hoy el mes de María escuchando –para guardarlo en el corazón– lo que Ella vino a decirnos en sus apariciones de Fátima.

Lectura:

En Fátima (Portugal), el 13 de mayo de 1917, la Santísima Virgen se dignó visitarnos de nuevo y derramar sobre el mundo sus misericordias.
Y lo hizo apareciéndose también a unas almas sencillas, a tres pastorcitos: Lucía, Francisco y Jacinta, de 10, 9 y 7 años, respectivamente.
Francisco y su hermana Jacinta murieron dos y tres años más tarde.
Lucía aún vive en un convento de Carmelitas de Coimbra y es quien nos cuenta así la primera aparición:
«Estando jugando con Jacinta y Francisco en lo alto, junto a Cova de Iría, de repente vimos una luz como de un relámpago.
Comenzamos a bajar el cerro llevando las ovejas hacia el camino. Cuando llegamos cerca de una encina, vimos otro relámpago y acercándonos vimos sobre la encina una Señora vestida de blanco, más brillante que el sol...
Nos paramos sorprendidos.
Entonces, la Señora nos dijo:
—No temáis, no quiero haceros ningún daño.
Yo le pregunté:
—¿De dónde es usted?
—Soy del Cielo –respondió Ella».
Y empezaron los diálogos, llenos de sencillez y encanto, entre la Celestial Señora y Lucía, que se sucederían por seis meses seguidos.
¿Y qué nos pide en Fátima la Santísima Virgen?
Nos pide, una vez más, conversión, penitencia por los pecados cometidos, mucha

oración confiada a su Corazón Inmaculado y «que no ofendamos más a su Hijo, que está ya muy ofendido».
Y nos promete la paz, el fin de las guerras, la conversión de Rusia, y nos asegura el Cielo, si la escuchamos.
¡Y cómo no escuchar a una Madre que ya no sabe qué más hacer para salvar a sus hijos!

Reflexión:

(Hacer una breve pausa después de cada pregunta)

- ¿Ofreces las contrariedades que te vienen y algún sacrificio voluntario en reparación de tus pecados y por todos los que se cometen cada día?
- ¿Cumples tu deber estudiando con intensidad y acabando bien tu trabajo?
- ¿Rezas el Santo Rosario para aumentar tu cariño a la Virgen? ¿Frecuentas la Confesión y la Comunión para convertirte más al Señor y desagraviar al Corazón Inmaculado de María?

Anécdota

GRACIAS A LA VIRGEN

El Papa había dicho: una mano disparó y otra guió la bala. Por eso, ya repuesto, al año justo del atentado, Juan Pablo II quiso estar en Fátima, para agradecer a la Virgen, que en ese día de su fiesta, velase maternalmente por su vida. Él mismo lo comentó así en la gran explanada del santuario portugués, el 13 de mayo de 1982, ante más de medio millón de personas: «Vengo aquí hoy, porque exactamente en este mismo día del mes, el año pasado, en la Plaza de San Pedro, en Roma, sucedió el atentado contra la vida del Papa, coincidiendo misteriosamente con el aniversario de la primera aparición de Fátima, que tuvo lugar el 13 de mayo de 1917. ¿Puedo olvidar que lo sucedido en la Plaza de San Pedro ha tenido lugar el día y en la hora en que se recuerda en Fátima la primera aparición de María a los pastorcillos...? En todo lo que ha sucedido he advertido la extraordinaria maternal protección de la Virgen, que se ha mostrado más fuerte que los disparos asesinos...».

Canción sugerida: El Ave de Fátima.

Oración:

DULCE MADRE.

(Ver p. 88).

Aria de camino a casa de Isabel

¿Dónde vais, zagala,
sola por el monte?
Mas quien lleva el Sol
no teme la noche.

¿Dónde vais, María,
divina Esposa,
Madre gloriosa
de quien os cría?
¿Qué haréis, si el día
se va al ocaso,
y en el monte acaso
la noche os coge?
Mas quien lleva el día
no teme la noche.

LOPE DE VEGA

OFRECIMIENTO PARA ESTE DÍA

La Santísima Virgen, en la cuarta aparición, del 19 de agosto, dijo a los niños estas palabras: «Rezad, rezad mucho y haced sacrificios por los pecadores, pues muchas almas van al infierno, por no haber quien se sacrifique y pida por ellas».

(Pausa de silencio).

APÉNDICE

El Santo Rosario: con rosas a María

El Santo Rosario es la oración mariana por excelencia y la más grata a la Santísima Virgen, porque redunda en alabanza y gloria de la Santísima Trinidad.
En el Rosario, como los pastores y los Magos, adoramos a Jesús en brazos de María. Ella es la primera Custodia.
Contemplamos el momento en que *el Espíritu descenderá sobre ti y la virtud del Altísimo te cubrirá con su sombra*. Ella es el primer Templo vivo y Sagrario de la Santísima Trinidad.
Y, entretanto, ofrecemos a Dios y a María las más bellas «rosas» que son el Padrenuestro, el Avemaría y el Gloria.
La consideración de los misterios es «el alma del Rosario», lo que anima al Rosario y hace posible que con las mismas palabras cada uno exprese su sentir más íntimo.
Es como una canción de amor en la que Dios ha puesto la letra, por eso no cambia, y nosotros ponemos la música que puede variar a nuestro gusto. Es cosa personal.
Este es el modo de honrar a la Virgen que Dios nos ha enseñado, la Iglesia nos recomienda siempre y con el que la misma Santísima Virgen desea verse honrada.
Ya lo has visto: En Lourdes, mientras Bernardita reza las Avemarías, la Señora pasa las cuentas de su Rosario. En Fátima pide a los niños en todas las apariciones que recen diariamente el Rosario.
Lucía, que tanto sabe de esto, ha escrito en una de sus cartas: «El Rosario es, para la mayor parte de las almas que viven en el mundo, su pan espiritual de cada día. Y privarles de él es como quitar a las personas el pan necesario para la vida física».
Y tú, «–¿Quieres amar a la Virgen? –Pues, ¡trátala! ¿Cómo? –Rezando bien el rosario de Nuestra Señora»[1].

[1] San Josemaría Escrivá, en *Santo Rosario.*

SANTO ROSARIO:
Modo de rezarlo

Por la señal de la Santa Cruz...
Acto de contrición.

V. Abre, Señor, mis labios.
R. Y mi boca publicará tus alabanzas.
V. Ven, oh Dios, en mi ayuda.
R. Señor, apresúrate a socorrerme.
V. Gloria al Padre...
R. Como era en un principio...

MISTERIOS GOZOSOS (lunes y sábados)
1º La Encarnación del Hijo de Dios.
2º La Visitación de Nuestra Señora a su prima Santa Isabel.
3º El Nacimiento del Hijo de Dios en Belén.
4º La Purificación de Nuestra Señora.
5º El Niño perdido y hallado en el Templo.

MISTERIOS LUMINOSOS (jueves)
1º El Bautismo del Señor.
2º Las Bodas de Caná.
3º El Anuncio del Reino.
4º La Transfiguración.
5º La institución de la Eucaristía.

MISTERIOS DOLOROSOS (martes y viernes)
1º La Oración del Huerto.
2º La Flagelación del Señor.
3º La Coronación de espinas.
4º La Cruz a cuestas.
5º Jesús muere en la Cruz.

MISTERIOS GLORIOSOS (miércoles y domingos)
1º La Resurrección del Señor.
2º La Ascensión del Señor.
3º La Venida del Espíritu Santo.
4º La Asunción de nuestra Señora.
5º La Coronación de María Santísima.

Después de cada misterio se reza:
Gloria al Padre...
María, Madre de gracia, Madre de misericordia, defiéndenos de nuestros enemigos y ampáranos ahora y en la hora de nuestra muerte. Amén.

Al terminar los cinco misterios:
Dios te salve, María, Hija de Dios Padre, llena eres de gracia...
Dios te salve, María, Madre de Dios Hijo, llena eres de gracia...
Dios te salve, María, Esposa de Dios Espíritu Santo, llena eres de gracia...

LETANÍAS DE NUESTRA SEÑORA

V. Señor, ten piedad.
R. Señor, ten piedad.
V. Cristo, ten piedad.
R. Cristo, ten piedad.
V. Señor, ten piedad.
R. Señor, ten piedad.
V. Cristo, óyenos.
R. Cristo, óyenos.
V. Cristo, escúchanos.
R. Cristo, escúchanos.
V. Dios Padre celestial.
R. Ten misericordia de nosotros.
V. Dios Hijo, Redentor del mundo.
R. Ten misericordia de nosotros.
V. Dios Espíritu Santo.
R. Ten misericordia de nosotros.
V. Trinidad Santa, un solo Dios.
R. Ten misericordia de nosotros.

Santa María.
Santa Madre de Dios.
Santa Virgen de las vírgenes.
Madre de Cristo.
Madre de la Iglesia.
Madre de la divina gracia.
Madre purísima.
Madre castísima.
Madre intacta.
Madre incorrupta.
Madre inmaculada.
Madre amable.
Madre admirable.
Madre del buen consejo.
Madre del Creador.
Madre del Salvador.
Virgen prudentísima.
Virgen digna de veneración.
Virgen digna de alabanza.
Virgen poderosa.
Virgen clemente.
Virgen fiel.
Espejo de justicia.
Trono de sabiduría.
Causa de nuestra alegría.
Vaso espiritual.
Vaso honorable.
Vaso insigne de devoción.
Rosa mística.
Torre de David.
Torre de marfil
Casa de oro.
Arca de la alianza.
Puerta del cielo.
Estrella de la mañana.
Salud de los enfermos.
Refugio de los pecadores.
Consoladora de los afligidos.
Auxilio de los cristianos.
Reina de los ángeles.
Reina de los patriarcas.
Reina de los profetas.

Reina de los apóstoles.
Reina de los mártires.
Reina de los confesores.
Reina de las vírgenes.
Reina de todos los santos.
Reina concebida
sin mancha original.
Reina elevada al cielo.
Reina del santísimo
Rosario.
Reina de la familia.
Reina de la paz.

RUEGA POR NOSOTROS

V. Cordero de Dios, que quitas el pecado del mundo.
R. Perdónanos, Señor.
V. Cordero de Dios, que quitas el pecado del mundo.
R. Escúchanos, Señor.
V. Cordero de Dios, que quitas el pecado del mundo.
R. Ten piedad de nosotros.

Ruega por nosotros, Santa Madre de Dios.
Para que seamos dignos de alcanzar las promesas de Nuestro Señor Jesucristo. Amén.

Oración:
Te suplicamos, Señor, que derrames tu gracia en nuestras almas, para que quienes hemos conocido por el anuncio del Ángel la Encarnación de tu Hijo Jesucristo, por su Pasión y Cruz, seamos llevados a la gloria de su Resurrección. Por el mismo Jesucristo, Nuestro Señor. Amén.

Canciones sugeridas del CANTORAL LITÚRGICO NACIONAL

304. RUEGA POR NOSOTROS

Ruega por nosotros,
amorosa Madre,
para que tu Hijo
no nos desampare.

De tus ojos penden
las felicidades;
míranos, Señora,
no nos desampares.

Bien veo, Señora,
Madre de mi alma,
que, por mis pecados,
lágrimas derramas.

Gloria, gloria al Padre,
Gloria, gloria al Hijo,
gloria para siempre
igual al Espíritu. Amén.

307. ERES MÁS PURA QUE EL SOL

Eres más pura que el sol,
más hermosa que las perlas
que ocultan los mares,
Ella sola entre tantos
mortales
del pecado de Adán se libró.

Salve, salve, cantaban, María,
que más pura que tú solo
Dios.
Y en el cielo una voz repetía:
más que tú solo Dios, solo
Dios.

308. MARÍA, MADRE MÍA

Oh María, Madre mía,
oh consuelo del mortal,
amparadme y guiadme
a la patria celestial.

1. Con el ángel de María
sus grandezas celebrad,
transportados de alegría
sus finezas publicad.

2. Quien a Ti ferviente clama,
halla alivio en el pesar,
pues tu nombre luz derrama,
gozo y bálsamo sin par.

309. SALVE, MADRE

Salve, Madre. En la tierra
de tus amores,
te saludan los cantos que
alza el amor.
Reina de nuestras almas,
flor de las flores,
muestra aquí de tu gloria
los resplandores,
que en el cielo tan solo
te aman mejor.
Virgen santa, Virgen pura,
vida, esperanza y dulzura,
del alma que en Ti confía.
Madre de Dios, Madre mía.
Mientras mi vida
alentare,
todo mi amor para Ti,
mas si mi amor te olvidare,
Madre mía, Madre mía,
aunque mi amor te
olvidare,
Tú no te olvides de mí.

310. ESTRELLA HERMOSA

Estrella hermosa,
que anuncia el día,
eres, ¡oh Madre! Virgen María.
Eres María, estrella hermosa
que anuncia el día,
eres, ¡oh Madre! Virgen María.
Más que el lucero ya en tu
alborada brillas, ¡oh Madre!,
¡oh Madre Inmaculada!
Inunde el seno del alma mía
tu luz purísima, Virgen
María.

312. SANTA MARÍA DEL AMÉN

Madre de todos los hombres,
enséñanos a decir: «Amén».
1. Cuando la noche se acerca
y se oscurece la fe.
2. Cuando el dolor
nos oprime
y la ilusión ya no brilla.
3. Cuando aparece la luz
y nos sentimos felices.
4. Cuando nos llegue la muerte
y tú nos lleves al cielo.

Del CANCIONERO RELIGIOSO DE ANTONIO B. CELADA

1. LUCERO DEL ALBA
Lucero del alba, luz de mi alma,
SANTA MARÍA.
La Virgen y Madre, Hija del Padre,
SANTA MARÍA.
La flor del Espíritu,
Madre del Hijo,
SANTA MARÍA.
Amor Maternal, del Cristo total,
SANTA MARÍA.
AMÉN.

2. ¡OH VIRGINAL DONCELLA!
1. ¡Oh virginal doncella!
de tu nombre purísimo, María,
cuando la blanca estrella
renace con el día,
las aves cantarán la letanía.

2. El álamo frondoso,
la hierba humilde donde el agua suena,
y el vuelo rumoroso
de la rubia colmena
canten tu suavidad de gracia llena.

3. RUEGA POR NOSOTROS, MADRE DE LA IGLESIA
1. Virgen del Adviento,
Esperanza nuestra,
de Jesús la aurora,
del cielo la puerta.
RUEGA POR NOSOTROS...

2. Madre de los hombres,
de la mar estrella,
llévanos a Cristo,
danos sus promesas.
RUEGA POR NOSOTROS...

3. Eres Virgen Madre,
la de gracia llena,
del Señor la esclava,
del mundo la reina.
RUEGA POR NOSOTROS...

4. Alza nuestros ojos
hacia tu belleza,
guía nuestros pasos
a la vida eterna.
RUEGA POR NOSOTROS...

4. TODOS TE DEBEN SERVIR
1. Todos te deben servir,
Virgen y Madre de Dios,
que siempre ruegas por nos,
y tú nos haces vivir.

2. Tanta fue tu perfección
y de tanto merecer,
que de Ti quiso nacer
quien fue nuestra redención.

3. El tesoro virginal
en tu vientre se encerró,
tan precioso que libró
todo el linaje humanal.

4. ¡Oh clara virginidad!,
fuente de toda virtud,
no ceses de dar salud
a toda la cristiandad.

5. ROSA ENTRE ROSAS
1. Rosa entre rosas,
flor de las flores,
Virgen de las vírgenes
y Amor de amores.

2. Rosa en que el Señor
puso su querer,
flor la más hermosa
que se vio nacer.

3. Virgen que hace dulce
nuestro padecer,
Amor que hace nuestros
sus santos amores.

4. Gloria a Dios Padre,
gloria a Dios Hijo,
igual por siempre,
gloria al Espíritu. AMÉN.

6. SANTA MARÍA
1. Los Ángeles te aman,
oh Madre de Dios
con ellos nosotros venimos
a Vos (bis).
Ave, llena de gracia, Sagrario
de nuestra ciudad (bis).

2. Venid a María, venid a rezar,
que Madre tan dulce
siempre ha de escuchar.

3. Que venga a María,
la Reina de paz;
quien busque virtudes
y la santidad.

4. María es pureza,
María es Amor,
María es la Madre
de nuestro Señor.

5. La Virgen María
consigue el perdón,
confiesa tus culpas,
con grande dolor.

6. Quien llega llorando
al pie de tu altar,
se marcha cantando
su grande bondad.

OTRAS CANCIONES SUGERIDAS

7. VENID Y VAMOS TODOS
Venid y vamos todos,
con flores a porfía,
con flores a María que Madre
nuestra es (bis).

1. De nuevo aquí nos tienes,
purísima doncella,
más que la luna bella
postrados a tus pies.

2. Venimos a ofrecerte
las flores de este suelo,
con cuánto amor y anhelo,
Señora, Tú lo ves.

8. «AVE, DE FÁTIMA»
El trece de mayo,
la Virgen María
bajó de los cielos
a Cova de Iría.

Ave, ave, ave, María.
Ave, ave, ave, María.

A tres pastorcitos
la Madre de Dios
descubre el misterio
de su Corazón.

Haced penitencia,
haced oración;
por los pecadores
implorad perdón.

El Santo Rosario,
constantes, rezad,
y la paz al mundo
el Señor dará.

De vuestros hijitos,
oh Madre, escuchad
la tierna plegaria
y dadnos la paz.

9. ESTRELLA DEL MAR
Estrella del mar
y guía del alma
que espera en Ti:
Madre mía, Madre mía,
vuelve tus ojos a mí.

Tú que sabes la amargura
del que llora sin consuelo,
Tú que alumbras, Virgen pura,
la senda que lleva al Cielo:
Vuelve tus ojos, María,
al que la luz busca en Ti;
Madre mía, Madre mía,
vuelve tus ojos a mí.

10. «AVE, DE LOURDES»
Cantad a María,
cantad en su honor,
tejedle guirnaldas,
guirnaldas de amor.

¡Ave, ave, ave, María.
Ave, ave, ave, María!

La Virgen bendita
sonríe de amor,
cuando oye a sus hijos
tan grata canción.

Ave...

El mismo saludo
que el Ángel te dio,
repiten tus hijos,
cantando a una voz.

Ave...

Yo soy toda pura
que a Dios cautivó,
Yo soy la Hermosura
en mi Concepción.

Ave...

11. TOMAD, VIRGEN PURA
Tomad, Virgen pura,
nuestros corazones;
no nos abandones
jamás, jamás (bis).
Mil querubes bellos
orlan tu dosel,
quiero estar con ellos,
Virgen, llévame;
contigo en el Cielo,
colmado mi anhelo,
¡qué feliz seré!

12. SANTA MARÍA DEL CAMINO
1. Mientras recorres la vida,
tú nunca solo estás,
contigo por el camino,
Santa María va.

Ven con nosotros al caminar,
Santa María, ven (bis).

2. Aunque te digan algunos
que nada puede cambiar,
lucha por un mundo nuevo,
lucha por la verdad.

3. Si por el mundo los
hombres, sin conocerse van,
no niegues nunca tu mano,
al que contigo está.

4. Aunque parezcan tus
pasos inútil caminar,
tú vas haciendo caminos,
otros los seguirán.

13. DIVINA VIRGEN
Divina Virgen, radiante
estrella,
tus pies venimos a besar.
Recibe, Madre, los corazones
que mueren por poderte
amar.
Jamás desoye tu pecho
amante
al que tu nombre invocó.
Oye el murmullo
de la plegaria,
que somos hijos de tu amor.

14. MADRE INMACULADA
1. Madre Inmaculada,
vida de mi amor,
Tú eres el camino
que nos lleva a Dios;
¡Vuelve tus ojos y míranos!

2. Como dulce prenda
de tu casto amor,
llevo tu medalla
sobre el corazón;

¡Ay! no permitas la manche
yo (bis).

3. Debajo de tu manto
yo quiero vivir;
debajo de tu manto
yo quiero morir;
¡Que no me aparte
jamás de Ti! (bis).

4. Solo en tu mirada
hallo dulce paz,
esa paz que el mundo
no me puede dar;

¡No dejes, Madre, no de mirar
(bis).

5. Dulce Madre mía,
Madre de mi Dios,
Tú eres la alegría
de mi corazón;
¡Virgen María, rogad por nos!
(bis).

POESÍAS A LA VIRGEN

LA ANUNCIACIÓN

Dios te salve, Mujer: tu vientre anida
el soplo del Espíritu y la Vida:
eres como un jarrón en que el Señor
ha dejado el perfume de su amor.
Dios te salve, Mujer, porque eres
bendita entre todas las mujeres,
porque no tienes mancha, porque Él mismo
bajará por tu sangre a nuestro abismo.

HUGO LINDO

LA VIRGEN MARÍA

La Virgen María
penaba y sufría...
Jesús no quería
dejarse acostar...
¿No quieres?
No quiero.
Cantaba un jilguero:
sabía a romero
y a luna el cantar.
La Virgen María
probó si podría
del sol que venía
la gracia copiar.
María cantaba,
Jesús la escuchaba,
José que aserraba
dejó de aserrar...
La Virgen María
cantaba y reía,
Jesús se dormía
de oírla cantar.
Tan bien se ha dormido
que el día ha venido,
inútil ha sido
gritarle y llamar...
Y, entrando ya el día
como Él aún dormía,
para despertarle
la Virgen María
tuvo que llorar.

EDUARDO MARQUINA

ROMANCE

Camina la Virgen pura,
camina para Belén,
con un niño entre los brazos
que es un cielo de lo ver:
en el medio del camino
pidió el niño de beber.

—No pidas agua, mi niño,
no pidas agua, mi bien,
que los ríos corren turbios
y los arroyos también,
y las fuentes manan sangre
que no se puede beber.
Allá arriba, en aquel alto,
hay un dulce naranjel,
cargadito de naranjas,
que otra no puede tener.

Es un ciego el que las guarda
ciego que no puede ver.

—Dame, ciego, una naranja
para el Niño entretener.

—Cójalas usted, Señora,
las que faga menester;
coja de aquellas más grandes,
deje las chicas crecer.
Cogiéralas de una en una,
salieran de cien en cien,
al bajar del naranjero,
el ciego comenzó a ver.

—¿Quién sería esta Señora
que me fizo tanto bien?
Érase la Virgen Santa
que camina para Belén.

ANÓNIMO

EXVOTO

Si yo pudiera, Virgen pía, darte
mi corazón como se da una lámpara,
lo sacaría de mi pecho, vivo,
para labrarlo como fina plata.
¡Qué gloria estar contigo noche a noche,
arder por ti como flameante llama
y que tú digas, plácida, a los ángeles:
¡Siempre me alumbra hasta que llega el alba!

¡Qué gloria iluminar, ¡oh madre mía!,
tus pies menudos de camelia blanca
y ser el óleo que por ti se quema
en el ardiente cuenco de tu lámpara!

Tómame así, ¡oh Virgen del Socorro!,

fortuna y salvaguardia de mi casa,
y acepta, para el templo que tú habitas,
el sillar que te ofrece mi esperanza.
JUANA DE IBARBOUROU.

BEATO ANGÉLICO
(La Anunciación)
La campanada blanca de maitines
al seráfico artista ha despertado
y, al ponerse a pintar, tiene a su lado
un coro de rosados querubines.
Y ellos le enseñan cómo se ilumina
la frente y las mejillas ideales
de María, los ojos virginales,
la mano transparente y ambarina.
Y el candor le presentan de sus alas
para que copie su infantil blancura
en las alas del ángel celestial,
que, ataviado de perlinas galas,
fecunda el seno de la virgen pura,
como el rayo de sol por el cristal.
MANUEL MACHADO

ORACIÓN INGENUA
No son los pájaros
que son las ramas.
No son las ramas
que son las alas.
Ya viene el viento
vuela que vuela.
La noche oscura
como una cueva,
pero en el cielo
brillan estrellas.
Virgen María,
llévame a ellas.
No son estrellas,
que son naranjas.
Son naranjitas
de cobre y plata.
No son naranjas
son clavellinas.
Si ves que vuelan
son golondrinas.
Virgen María,
dímelo Tú.
Córtame una,
dame su luz.
Si es naranjita
que sea de plata.
Si es clavellina
que sea escarlata.
Si es golondrina
o es una estrella...
Virgen María,
llévame a ella.
CONCHA LAGOS

LOA A NUESTRA SEÑORA
Tú eres, Señora:
De nuestra noche candela,
de nuestras cuitas abrigo,
de nuestra virtud escuela,
de nuestras gracias espuela,
freno de nuestro enemigo,
muerte de nuestra tristeza,
vida de nuestros placeres,
arca de nuestra riqueza,
fuerza de nuestra flaqueza,
corona de las mujeres.
FRAY ÍÑIGO DE MENDOZA

AL NOMBRE DE MARÍA
De María, a quien la invoca,
es de su nombre el sonido
suavidad para el oído
y dulzuras en la boca;
y así, el que una vez le toca,
no sabe vivir sin él,
que para mí él es miel.

De su nombre la cadencia,
es una clara armonía
que ocasiona melodía,
con dulce correspondencia
de todos la diferencia
la suavidad que hay en él
que para mí él es miel.
SOR JUANA INÉS DE LA CRUZ

Índice

Libros y manuales para que los niños aprendan a rezar y a tratar a Jesús de un modo adecuado a su edad

2ª edición

2ª edición

3ª edición

3ª edición

5ª edición

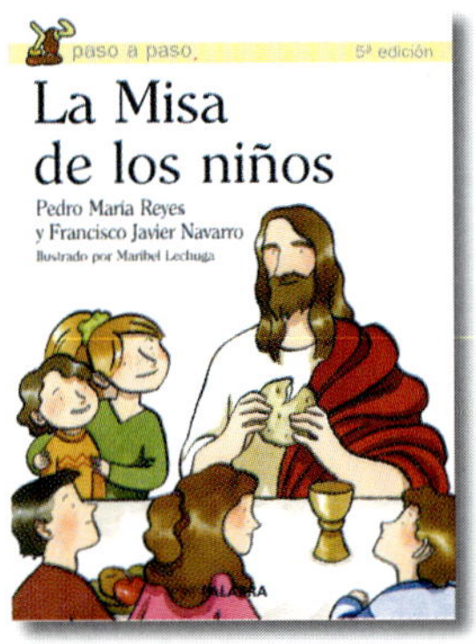

4ª edición

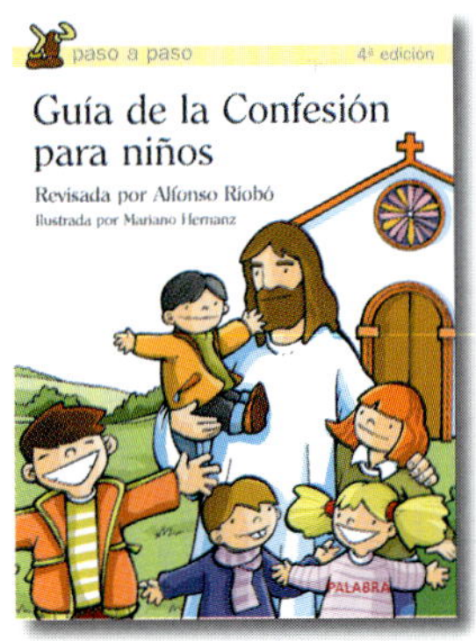

EDICIONES PALABRA, S.A. Castellana, 210 - 28046 Madrid.
Tels.: 91 350 77 39 / 91 350 77 20 - Fax: 91 359 20 30
www.edicionespalabra.es - comercial@edicionespalabra.es

paso a paso